U0021861

職場的
邏輯

廣大上班族扎心痛讚的自我提升指南！

格總————著

謹以此書獻給我的大姨——
蔣曉臨老師

職場之路，道阻且長

這是一本專門寫給職場人的書。

五年前，我還在一家投資機構上班，工作並不輕鬆且出差頻繁，一年有一百多天在飛機上。出差間隙那麼多的時間，我覺得不能白白浪費了，所以開了一個社群帳號，即「格總在人間」。

我寫啊寫，一開始只是寫自己覺得好玩的事，後來慢慢發現，只要我把話題轉移到職場上，總會收到比平時來得多的關注，也會不斷有讀者傳訊到後台詢問職場上的各類問題。

也許，這跟我的經歷有關吧！我從一個小縣城考到北京一所一流大學，研究生畢業後，在華為公司開始了我的職場生涯。我從基層的業務開始做到管理者，離開華為後，陰差陽錯進入投資領域，然後空降到國內一家上市公司做高級主管。

可能是我天性比較愛冒險，十多年來，我經歷了通訊、環保、能源三個大行業，不僅待過大企業，也待過五百強民營企

業、小公司、投資機構和上市公司。作為管理者，我常常帶著團隊閉關數月拿下大專案，也不止一次隻身前去洽談業務。我跟主管拍過桌子，也跟下屬吹過鬍子，黯然出局過，也春風得意過。

從職場小白一路成長起來，我想，我的職場經歷也算是一筆人生財富吧！為什麼不把它分享給更多的人呢？於是，我開始在社群上寫職場文，從此一發不可收拾。

如何與上司打交道既愉快又省心？

個人成長要經歷哪些階段？

新人如何快速融入團隊？

升職加薪的底層邏輯在哪兒？

如何看待你所在的行業？

怎麼跳槽、轉行既穩健效果又好？

公司內部資源怎麼分配、怎麼爭取？

如何在和同事發生衝突時占上風？

……

職場常見的問題，我都逐個給出了答案。

收到讀者的詢問後，本著助人為樂的原則，也抱著對別人生活的一絲好奇，我有時候會留下電話號碼讓他們和我直接溝通，瞭解他們的困境，並盡我所能給出建議。無意間，我接觸到了許多不一樣的人。他們之中有醫生、律師、老師、獵頭、財

務人員、銷售人員、銀行職員、工程師、產品經理，也有在異國他鄉的留學生、總是在大海上顛簸航行的船員。和你我一樣，他們都是一個個普通的職場人。

我印象最深的，是一個三十多歲、只有相當於高職學歷的職場媽媽。她跟我說她十五歲時輟學，去服裝廠做學徒，寒冬廠裡沒有空調，一站就是一整天。之後離開老家去到北京，為了保住一個電話客服的基層職位，一整天不敢喝一口水，晚上回到地下室，只能靠著鹹菜和饅頭充饑。

她還在批發市場賣過衣服、去專櫃做過服裝銷售員培訓，不放過任何一個謀生的機會。她在絕境中掙扎著，一點點站起來，她的經歷就像一部勵志電影。如今，她有了家庭和孩子，在職場中遭到了上司的不公正對待，鼓起勇氣來問我該怎麼辦。

面對這樣的人，我怎麼可能不傾囊相授、幫她找到問題所在、擺脫困境呢？像對這位職場媽媽一樣，面對每一個諮詢者我都毫無保留。每當他們告訴我，他們因為我的建議人生發生了哪些可喜的變化時，我都由衷地為他們感到高興。

不止一位讀者對我說：格總，你一定要繼續寫下去，去幫助更多像我這樣的人。這些話，成了我持續寫作的最大動力。五年來，我一邊以工作為主業，一邊以經營社群為副業，不停地閱讀、經歷和思考。我漸漸發現，在傳統教育領域，在浩如

煙海的網路世界，很難看到一本聚焦職場且能指導「實戰」的讀物。一方面，職場這個話題太寬泛，難成體系；另一方面，我認為更重要的是，三百六十行，行業之間、公司之間，跨度太大，差異太大了。而且，隨著網路普及，出現了新的職場文化，加之從一九六〇後到二〇〇〇後，職場上年齡跨度的背後是同事之間相互認同感缺失。這對每一個職場人來說，都是挑戰。

現在，你手裡的這本書，正是為了幫你解決這些問題。

職場如戰場，我自己也是靠個人摸索一步步走到了今天。坦白講，我走過很多彎路，也經歷過很多次頭破血流，實在一言難盡。所以，當出版社編輯問我：「格總，你準備怎麼定位這本書呢？」我說，把它作為一本「職場攻略」吧！

是的，這就是一本職場攻略。我理解職場人的掙扎、痛苦，理解你們的欲望和焦慮，也知道你們可能會犯哪些錯誤、為什麼會犯。因為這些我也經歷過，只是我熬過來了，想明白了。要相信你正在經歷的事情已經有人經歷過了，他可以解決，那麼你也可以。有些彎路，你不必再走一次。

書裡沒有大道理，只有一個個無比鮮活的故事，你看到故事中的主角一定就像看到現在的自己。如果看完後，你的疑惑解開了，混亂的思路清晰了，那我會為你感到欣慰。如果覺得這本書有用，請推薦給你的朋友們。書中還有一些從沒在社群

上發表過的文章，就作為給新書讀者的見面禮吧！

　　職場之路，道阻且長。但這就是人生，戰鬥一場接一場。我願意陪在你身邊，看你奔赴遠方，把紅旗插上山崗。

格總

CONTENTS

chapter 3　修煉職場軟技能，放大你的硬實力

chapter 4　普通打工人，上升路徑怎麼走？

chapter 5　給自己一個好人緣，輕鬆行走職場

chapter 6　修煉你的心智，無懼困境與危機

chapter 7　真正厲害的職場人，都把成長當習慣

chapter 1

拓寬認知邊界，
看懂職場生存邏輯

有未來感的人
才能贏得未來

　　你有沒有聽過一個詞——未來感？有一次參加一個行業論壇，中場休息時我和幾個同行討論行業發展的趨勢和未來前景，有同行感歎，做事情沒有想像力真的不行，每個人都要對未來有感覺才行。晚上回到酒店房間，對會議內容回顧分析時，我就忽然想到了這個詞——未來感。

　　未來感，就是指在就業、投資、職場、婚戀、人際關係等方面，一個人對未來的感知能力。比如招聘時，面對一個陌生的應聘者，你需要去想像如果錄用他，他未來大概的發展狀況，這是識人用人的未來感。再比如，一句很經典的電影臺詞是這樣說的：「我只和他相處了一周，就想像出了我們在一起二十年後的所有細節，後來，真的全都印證了。」這是看待愛情的未來感。

　　如果你有未來感，看人就不會只看眼前。面對失敗的人，你能看得出他遲早有一天會翻身，能把低位投資人脈的機會把

握好。有些人春風得意，你也能推測出來他背後潛藏著什麼樣的危機，與之保持一定的距離，就像清代戲劇《桃花扇》裡那句：「眼看他起朱樓，眼看他宴賓客，眼看他樓塌了。」這是對別人事業判斷的未來感。

未來感很重要，有未來感的人才能贏得未來。所以，你要盡早擁有。

有未來感的人，會把未來想像出來

八九年前，我去某二線城市出差，約一個老同學見面，恰好碰到他在看房買房，和他約的一個據當地朋友說是「看房專家」同行，於是我們三人一起去了購房處。站在遠離市區的一片爛泥地裡，同學指著周圍的茅草問：「就這鬼樣子，還值這個價格嗎？」那個朋友點點頭，說：「這個價格已經很便宜了，可以買了。」看我同學一頭霧水，那人又說：「你看到的是爛泥地，我看到的是一幅全息投影。這裡是幾棟樓，那邊有商場超市，還有那裡是學校、那裡是醫院，還有那邊有兩條大路穿過來……花這個價格不是買現在，是在買未來，已經很便宜啦！」

如今，我同學已經住進在爛泥地上建起的樓房，周圍配套設施應有盡有，房價翻了兩倍不止。

每次談起這個話題，他都表示應該感謝當初那個朋友。

我覺得，這件事可以說明一個現象：大部分人只能看到眼

前，只有少部分人才能看到未來。那少部分人的腦袋裡，真的是有一幅「全息投影」，上面淨是你想都想不出的畫面。你看事情常常是靜止、一成不變的，可是在他們眼裡，各種各樣的變化已經在趕來的路上。這就是未來感。

有未來感的人第一個特點是會想像，他們擅長想像出那些你要親眼看到才會相信的東西。在我們眼裡，所見即一切；在他們心中，一切皆可想像。

有未來感的人，能提前聞到未來的氣息

好多年前，我在華為的同事老孔面臨著一個抉擇。在一個職能部門做小主管多年，他早就厭倦了，所以當他看到華為終端公司，也就是手機部門的內部招聘啟事後，決定試一試。

華為手機那時候在外界毫無名氣，在內部更是雞肋的代名詞，只有把系統設備賣給運營商時，才會有一定比例的手機「附帶贈送」。這種模式讓華為手機部門不需要自己開拓新市場，所以他們沒有什麼動力去和別家競爭。那時華為生產出來的手機既不值錢也不好用，還很難看。那陣子，老孔得不到周圍人的哪怕一點點支持，包括上司、朋友，還有家裡的老婆。老孔後來跟我們說：「我當時仔細打聽過，覺得老餘（華為新任手機掌門餘承東）是個幹事業的人，一定不會讓終端公司保持老樣子。我年紀也不小了，再不找個地方活絡一下身心，就真的

成中年油膩男了。」

後來的事，大家都知道了。在餘承東的率領下，華為手機業務在短短六年內就做到了全球前三、全國第一，收入占了公司全部業務收入的 30％以上，二〇一七年上半年就完成了全年任務。老孔所在的部門成了萬眾矚目的明星部門。當年年尾，網傳華為終端公司年終獎金發了二十四個月。我們在群組裡紛紛向老孔求證，他笑而不答，企圖用一個又一個兩百元人民幣大紅包讓我們閉嘴。

你應該看出來了，老孔也是那種有未來感的人。所有人都在觀望的時候，他提前聞到了未來的氣息。當然了，他也是有過遲疑的，誰做決定沒個瞻前顧後的時候呢？但是他在該決斷的時候毫不含糊，而且周圍人的反對更是證明了他的正確。因為有未來感的人，總是少數。他們擅長的是把自己的機會建立在別人「看不上、看不懂、來不及」上面。

有未來感的人，常常是整合資源的高手

有未來感的人，看待困難的角度也和常人不太一樣。比如，我們會說某件事辦不成，因為有三個難點，可是有未來感的人會說這件事很簡單，只有三個問題還沒有解決。就好像事情已經辦妥了，他不過是在向你說明當初怎麼搞定的一樣。

我一個朋友的姊姊兩年前從老家來投奔她。有一天，我聽

說她姊姊辦了一個鋼琴培訓班，生意做得風生水起的。她姊姊是當地小學的音樂老師，來到陌生的城市什麼資源都沒有，她是怎麼做到的呢？說起來也簡單，她跟社區物業打好了關係，以超便宜的價格「借用」了樓下已經荒廢許久的閱覽室，稍加裝修作為教室；再託老同學向當地的熟人買來一架翻新的二手鋼琴；接著在社區群組裡打廣告，以非常低的價格吸引了最初幾個學生。她竭盡全力教，學生水準開始提高，慢慢地有了口碑，加上這兩年鋼琴家教市場火熱，生意漸漸順暢，走上了正軌。

你看，有未來感的人就是這樣，能把握住事情最重要的本質──提高學生的鋼琴水準。至於其他條件，比如場地、器材和客源，這三項不太好弄的資源，她都是以非常低的成本從外界整合而來的，只要培訓班能先運轉起來就行。

如果是其他人呢，也能抓住這個隱藏在空氣裡的「機會」嗎？「場地要租好點的吧？裝修也得有模有樣吧？買新鋼琴要投入一筆錢，招生得請幾個人來發傳單吧？」稍微一算帳，光成本就把自己嚇回去了。說到底，還是沒有未來感。

我們從現實推導未來，他們把未來當作描繪現實的藍圖。所以說，別以為人和人都一樣，眼睛裡只看得到現在和腦袋裡裝著未來的兩類人，註定擁有不一樣的人生。

為什麼一個人要有未來感？想通這個問題，你的人生才會有答案。

不努力
你連選擇的權利都沒有

你身邊有沒有這種人，評價別人的成功時，要嘛說人家肯定有背景，要嘛說人家第一桶金來路不明。你要是跟他說，對方當初如何如何努力，他會說還不是因為那個人碰上了好機遇。反正，他自己現在這樣，跟不夠努力沒什麼關係。

好了，你可以告訴他，這裡有一個新的藉口可以拿去用，那就是很流行的一句雞湯：選擇比努力重要。有人總感慨，當初我要是選擇 ×× 專業，現在也不至於混這麼慘了。所以啊，選擇比努力重要。還有些名人回憶當初，說還好自己做了一個正確的決定，不然哪有如今這番光景呢！

可不是嗎？如果把人生比作一列向前行駛的列車，那麼在某個岔口往左或者往右，確實會給人帶來不一樣的命運。但名人不會跟你說，和他做出同樣決定的其實有千千萬萬人，只是他夠堅持夠努力，動了真正的腦筋，熬過了最困難的長夜，再加上一點運氣，才九死一生殺出了重圍。

如果你也覺得「選擇大於努力」，那我請你做幾個「比努力重要」的選擇：

1. 你覺得台大和清大，哪個比較符合你的氣質？
2. 你是考慮去賽道激烈的小獨角獸公司做聯合創始人，還是在上市公司踏踏實實地做年薪幾百萬的高管？
3. 買房子是買首都近郊的舊公寓，還是買二線城市的新成屋？
4. 李冰冰和林志玲，娶哪個回去？不要跟我說，你嫌棄她們年紀大。

這個世界，確實有著不公平，你過著某些人羨慕的生活，然後羨慕著另一些人的人生，這本來就是常態。但是有的人無論身處什麼樣的境地，總能咬緊牙關俯下身，貼著地面一步步踩出腳印。更多人呢，喜歡嗑著瓜子扯閒篇，你要是問他怎麼這副德性，他跟你說，我挺努力的，只是當初沒有做好選擇，「選擇比努力重要」呀！

不好意思，「選擇比努力重要」不過又是一個你掩飾懶惰的黑鍋。<u>不努力，你連選擇的權利都沒有。</u>

以大多數人的努力程度，根本沒有資格談「選擇」

我的一個國中女同學 Y，在她研究生畢業時，面臨著一個重要選擇——是留下來繼續攻讀博士學位，還是去導師介紹的

藥業巨頭工作。她選擇了後者。十年後的今天，Y已經移居國外，做著自己喜歡的工作，拿著豐厚的年薪，過著她家鄉那個小地方的中學同學們無法想像的生活。

看到這裡，你會不會說選擇很重要？可是你不會知道，當初國中畢業時，據說因為家裡反對，學習優異的她沒有繼續讀高中，而是去市內一所可以分配工作的醫護相關學校讀了中專。和她同去的另外兩個女生，一個學藥劑，一個學護理，多年以後，她們留在老家的某個醫院成了普通的醫務工作者。當然，這也沒有什麼不好。

但是Y不同，和她關係很好的女同學後來跟我們講，從她去學校的第一天起，她就發誓要考上大學。除了衛校常規的學習，磚頭一樣厚的教材和醫學專著，她都一頁一頁、一本一本地啃了下來。每個寒暑假回到老家，老朋友都很少能見到她，因為她把自己關了起來，除了學習還是學習。終於，她如願考上了重慶醫科大學。

我的表哥大學畢業後留在了上海，一邊工作一邊和朋友合租房子。那個時候，Y正在準備報考同濟大學醫學院的研究生，她聯繫到我表哥，問說「上海的酒店太貴了，能不能寄宿幾天？睡沙發就可以。」表哥後來感慨，Y真的太拚了，有一次淩晨三點他起來上廁所，還看到客廳的燈亮著。

考研結束，她又一次去了她想去的地方。

高中時候，有時候和同學聊起 Y，大家都說以她的成績和天分，稍微努努力就能上重點大學，排名數一數二的名校更是能輕鬆拿下，想不通怎麼會去讀個衛校。這個選擇真的太糟糕了，「一步錯步步錯啊！」我們那時都挺為她惋惜的。現在看來，我只能說，有些人的人生不存在選擇錯誤這回事，因為無論命運把她扔到哪兒，她都會拚了命地生出根、長出葉，在無人問津的角落裡，綻放出一個枝繁葉茂的春天。

　　Y 的故事講完，你會不會和我想的一樣：以絕大多數人的努力程度而言，他們根本沒有資格去拚所謂的「選擇」。

選擇不是神奇按鈕，也不是決定命運的小藥丸

　　很多人對選擇有誤會，他們把它看作是一個神奇按鈕，一旦按下去，轉瞬間天地變色，自己就像被歷史選中一樣推到鎂光燈下，一手翻雲一手覆雨。又或者他們以為做選擇像《駭客任務》裡主角選那兩顆一紅一藍的小藥丸，只要做對了選擇，人生就會大不一樣。

　　很遺憾，這種想法說好聽點，很天真，說難聽點，想得美。

　　社群後臺的讀者留言裡，我不太喜歡這種問題：格總，年輕人該去大城市還是留在小地方？格總，大學生應該把精力都放在專業上，還是應該多參加社團培養各方面能力？格總，現在的工作很辛苦又沒有前景，我該不該學點其他技能，做一名

自由職業者？

　　這些問題就是典型地把選擇當作按鈕的例子。就像你是個小山村裡長大的未婚姑娘，人長得很標緻，上門提親的一個是村東頭老實憨厚、幹活俐落的小壯丁，另一個是村西頭會點筆墨的村長獨生子。怎麼選呢？怎麼選都差不多。無論嫁給誰，你都只能圍著男人孩子打轉，在雞鳴犬吠的四季裡，送走一個個春秋，最後成為孩子們眼裡那個勞累大半輩子的老太婆。

　　基於現成條件的選擇給不了你額外的精彩，只有走出山村、擺脫村鄰的閑碎言語，你才能過上另外一種可以不那麼早結婚、也可以不為婚姻活一輩子的生活。但是，你得比周圍的同齡人加倍努力，利用像是高考這樣的機會。

　　請記住，只有那些拚盡全力得到的選擇，才會在裡面蘊含著其他更好的可能。

好的人生不是選擇按鈕，而是持續地鑿井

　　我一向鼓勵年輕人要盡可能去大城市，原因就不多講了。但那只是一個廣泛的建議，沒有針對性。就像你見得多了，大城市餐館裡有的是端茶倒水的小夥計，還有上班打卡、下班喝酒打牌刷抖音的小白領。他們從合租房搬到群租房（一間租屋由多人共同居住，共享客廳、餐廳、廚房等公共空間，與合租房最大不同的是，每個人沒有獨立的臥室空間，所有人睡在同

一個空間），又從群租房搬到地下室，終於有一天城市居住政策緊縮，於是被掃地出門。

小地方呢，距離山西省陽泉市四十公里，有個叫作娘子關電廠的地方，那裡有個大學畢業待了二十年的電腦工程師。白天，他的生活和我們一樣，被工作、開會還有股票、房價、兒女的學習輔導填滿。只有到了深夜，他才能打開電腦敲上幾千字，一天一天、一篇一篇地敲出了七部長篇科幻小說，包括那部暢銷書《三體》。

按現在流行的說法，選擇在那樣一個偏遠的小地方生活，幾乎決定了一個人的人生上限。但是這個叫劉慈欣的中年男人，思考的深度遠遠超過了大城市文藝青年們的「詩和遠方」，他的文字氣勢恢宏，像極了一場星際旅行，壯闊中又帶著一絲殘酷的美。有一次，一群科幻作家在杭州西湖邊聚會，席間討論了一個題材：如何毀滅一座城市。公認最好的回答來自劉慈欣，他輕聲說：「可以把三維的西湖風景二維化，變成一幅水墨山水圖，然後，再把它一維化，變成一根細細的杭州絲綢。」

左手柴米油鹽，右手星河燦爛。

所以，你要問我，選擇比努力重要嗎？我真不這麼覺得。就像這篇文章一開始的那個比喻，如果把人生比作一列向前行駛的列車，在某個岔路口往左和往右，確實會帶來不一樣的命運。不過，能跑多遠、能看到什麼樣的風景、抵達什麼樣的終點，

不是由岔路口決定的，而是由火車自身的驅動力決定。

　　如果你真的對自己有所期待，那麼無論做出什麼樣的選擇，該付出的、該承受的和該忍耐的，一個都少不了。因為好的人生不是選擇按鈕，而是持續地鑿井，當水從井裡噴湧而出時，每一滴水都是熱愛，是成功，是幸福。

五個區別
一眼看出你是菜鳥還是高手

　　上周，我跟部門員工溝通年終獎金。不少人溝通完了，都興奮地搓手。他們確實有理由興奮，因為業績好，年終獎金真沒少拿，比如進部門兩年多的陶東，從兩年前的職場菜鳥到現在的職場高手，陶東真是一點點完成了自己的成長和蛻變。作為主管，這才是我最有成就感的地方。

　　現在，我把職業生涯裡感悟到的高手和菜鳥最大的五個區別分享出來，希望能幫到你。

菜鳥喜歡瞭解，高手喜歡學習

　　陶東入職沒多久，我帶他去參加一個行業論壇。回來後第三天，他發了一個很詳細的紀錄給我，我覺得很滿意，看得出來他是用心寫的。

　　幾個月後，我們在另外一個公開場合見到了上次論壇組織方的一個業內大老。我跟對方寒暄說「上次您的那個論壇真不

錯，那個××技術應用起來一定挺顛覆的」，然後轉過頭問：「對吧陶東？」沒想到，陶東一臉發傻，支支吾吾的。我趕緊把話題接過來，繼續聊下去。

離開後，陶東跟我解釋，那次論壇結束後他的紀錄就扔在一邊了，所以紀錄裡的東西早就印象模糊了，以後他會注意。

你發現沒有，這就是職場菜鳥的常見病。菜鳥喜歡到處瞭解，這個也看一點，那個也看一點，然後感覺自己似乎學習了很多。這種不成體系、也沒有目標的所謂「學習」，最多只能叫「瞭解」，給人帶來短期記憶，用來自我安慰「我很努力」。高手則刻意地記憶、分析，他們會深究問題背後的邏輯，現象背後的原因，在自己的知識地圖上插上一面面小旗。在旗和旗之間，還有一條條互相關聯的路徑。

菜鳥總在重複，高手總在回顧

我剛到一家公司做銷售總監時，部門裡有個農村來的小女孩。大家說起她，都喜歡說她「超級拚」，但是沒有人會提她的業績，因為超級差勁。有一次我找她談話，本來想輔導一下，結果變成了她的吐槽大會。

她說，她是部門裡最努力的，她負責的客戶，自己跑得最勤；她又說，她是部門裡對產品最瞭解的，所有的新品上市以前，她總會把參數背得很熟；她還說，她的客戶是所有客戶裡最刁

鑽的，想要最好的東西，還要最低的價格，簡直就是吸血鬼！

我問她：「每次妳拜訪完客戶是怎麼分析的？」她說：「我氣都要氣死了，還分析什麼！」

面對這樣的員工，你會怎麼辦？我打算等她氣消了再找她談話。結果還沒來得及談，她就跳槽去了競爭對手那裡。我真壞，我居然挺高興的。

菜鳥不是不努力，而是總把簡單的重複看成努力的證據。他們說的努力方式，就是一次次用同樣的方式犯同一個錯誤，然後改正，感動自己。高手的努力方式與之相反，除了事前謀劃，事中執行和調整，特別重要的就是事後回顧與反省：

「事情為什麼能成？是因為時機把握得好，還是純屬運氣？還有哪些改進空間？對後續的影響是什麼？」

「事情為什麼搞砸？有哪些問題？是方向問題還是節奏問題？是資源投入不夠還是團隊磨合不足？」

菜鳥擅長推演，高手擅長應變

不知道你發現沒有，菜鳥和高手，有時候是不太好區分的。特別是謀劃、推演的時候，有些人沒什麼本事，反而特別活躍，講起話來頭頭是道，高級得很。可能他們都信奉「運籌帷幄之中，決勝千里之外」，覺得在地圖上計算好一切，就能把事做好，把仗打贏。

可是，事情怎麼可能那麼簡單。

我不是說推演不重要，而是說，一邊執行，一邊分析，一邊調整策略，比坐而論道重要得多。很多事情你不去做就永遠不會知道裡面的眉眉角角，只有邊做邊想邊調整，才能從看熱鬧的外行變成看門道的專家。

二〇一七年底的邏輯思維跨年演講中，羅振宇提到了一家奶茶店：古茗。創始人王雲安是個八五後，他把這個「路邊攤」做到了全國一千兩百店，年收入十二億元。他是怎麼做到的呢？

王雲安很擅長隨機應變。比如古茗最早是在縣城和鎮上開店，這些地方的街道晚上都很暗，王雲安發現，想要讓顧客最快發現自家的奶茶店，只需要把奶茶店門口的燈調得更亮就行，最好亮到能成為那條街上的路燈。一個奶茶店把燈光調亮，每天也就多花幾塊錢電費，卻能多帶來好幾百塊的生意。

隨機應變，是所有的高手都擅長做的事。

菜鳥渴望表揚，高手渴望指點

陶東待的上一家公司的主管基本上在放養他們，他覺得學不到什麼東西就跳槽了。他剛來時，做得好的地方我會試著表揚他，他既得意又不好意思。後來，哪怕他做得不錯，我的表揚慢慢也減少了。

終於有一天，他忍不住問我為什麼會這樣，「是不是我做

得不好啊？」我對他說：「不是你做得不好，而是你必須告別依靠別人來驅動的本能，告別每件事都考慮個人自尊的慣性。別人的表揚沒那麼重要，別人對你的指點和啟發才最重要，雖然有時候，指點你容易傷你的自尊。」

陶東很上道，後來果然經常帶著方案和思路來找我，要我幫他出出主意。

這一點很不容易，因為菜鳥做事的出發點常常是為了維護自尊，雖然這也可以成為動力，但真正的高手從來就不在乎這些。高手在乎的只有能不能從周圍吸取到力量和智慧幫助自己成長。他們的驅動力不是來自外因，而是源於自己。

菜鳥在乎利益，高手在乎人心

當我還是菜鳥的時候，遇到一個叫老蔡的客戶，他人很好。有一年末，下游欠款拖太久，導致老蔡公司的資金鏈忽然吃緊。他找到我，想修改之前簽好的合約，把本來發貨後三個月內要支付的款項推遲到第六個月再付。

那時候我年輕氣盛，加之這個訂單的付款條件本來就不好，這樣修改合約肯定會影響我的績效考核，甚至年終獎金。我口頭答應他跟公司彙報，其實心裡不想同意，打算拿公司制度拒絕。

第二天下午，我和我主管在樓下抽煙，他聽我把所有的顧慮講完，對我說：「老蔡是個好人，你幫他渡過難關，以後他

會對你更好的。」

我說：「我評估過他的財務狀況，只怕這次他熬不過來了。」主管沒說話，只踩掉菸頭，拍拍我的肩膀歎了口氣：「公司那邊我能搞定，同不同意你決定吧，我相信你會做出最好的選擇。」我雖年輕，可是不傻，我知道他的意思。於是做出了幫老蔡一把的決定，但最終，他的公司還是關掉了，我的年終獎金也大打折扣，這讓我很灰心。

都說人在做，天在看。第二年，好幾個本來對我愛理不理的客戶忽然主動聯繫我，使得我的業績一下跳到了公司前幾名，年終獎金多到自己都不敢相信。後來在一次飯局上，我去給客戶敬酒道謝，對方看著我笑眯眯地說：「小夥子，不要謝我，要謝就謝老蔡吧。他跟我們哥兒幾個說，你為了幫他還吃了虧，要我們多少一定幫著你點。說實話，老蔡這人做生意不怎麼樣，但是看人還是很準的，這我相信。」

我聽完，既感動又慶幸，還很慚愧。

後來，我和老蔡成了忘年之交，直到現在我們還有聯繫，我還參加了他兒子的婚禮，和他介紹的那幾位客戶坐在一起。

這就是我特別想告訴你們的：高手和菜鳥最大的區別，就是能不能在精確的算計、冰冷的利益之外，體會到人和人之間的善意和溫情，這也是菜鳥最難邁過的關口。

這個區別，其實在於你如何面對這個世界：你是把自己看

作一個掠奪者，總想著如何搶走更多？還是把自己看作一個建設者，想的是能為別人帶來些什麼？

　　畢竟，世界上所有的生意，都是人做的。

三個底層邏輯
讓你從菜鳥到高手

前幾天看到一段話，我看完一拍大腿：「哎喲，講得太好了！」

暢銷書作家馬歇爾・戈德史密斯（Marshall Goldsmith）是美國管理研究院（IMS）終生成就獎獲得者。有一次，他談起打高爾夫球的頂尖高手。「頂尖高手嘛，自然是一招制勝。」這是我們普通人的想法，可馬歇爾說：「不是，面對一個四杆洞，頂尖高手第一杆把球打上球道，第二杆把球打到洞口附近，第三杆打出『小鳥球』，或者用兩杆推杆打出一個『帕』，然後走向下一個球梯，重複之前的過程。過程看起來簡單、平淡，甚至有些單調死板。可是，如果能成功複製這個過程直到打完十八洞，通常個人最佳紀錄、乃至球場最佳紀錄就已經被打破了。所以，高爾夫球的高手們相信，比賽不需要多麼精彩，不需要一招制勝，一場平淡無奇的比賽就是一場偉大的比賽。」

我之所以為這段話叫好，是因為想起前兩天世界盃足球賽

閉幕時，朋友圈裡有人在抱怨。抱怨的這個人是我認識的人裡面，在世界盃期間賭球賭得最瘋的一個。他場場下注，押中了墨西哥爆冷贏德國，也押中了半決賽克羅埃西亞淘汰英格蘭，甚至猜中過比利時 3：2 逆轉日本的比分！但是大多數時候，都會希望落空。最後結算下來，他還是輸了幾十萬元人民幣。

我很想告訴他：你在驚心動魄地賭球，莊家們在按部就班地坐莊；你總想著一夜暴富，直到輸掉底褲，莊家們卻平淡無奇地取得成功；你把命運交給運氣，高手卻把收益交給機率。

太陽底下，哪有什麼新鮮事。

成功不可複製，但成功的底層邏輯可以

我在招聘的時候，非常在意應聘者有多少成功的專案運作案例。如果對方還有其他行業的經歷，我也很希望瞭解他在別的行業是如何取得成功的。想必每一個有經驗的面試官都會去這麼做，因為我們都相信，成功固然不可複製，但是成功的底層邏輯是共通的。

以我的觀察，高手們的底層邏輯有以下三個，一般人可以學到皮毛，但是做到極致者寥寥無幾，所以成功者永遠稀缺。

專注

美國 HBO 電視網在二〇一七年推出了關於股神巴菲特的紀錄片《成為巴菲特》，這是巴股神第一次親自參與的影片。影

片裡，比爾‧蓋茨和巴菲特玩了一個遊戲。他們沒有任何交流，只是分別在白紙上寫下對自己一生最有幫助的一個詞。結果，答案是一樣的——專注。

高手們深知專注為自己帶來的好處。

我們平常說的專注，其實有兩層意思，一個是時間，一個是投入度。專注需要時間投入，只有花費大量時間來重複練習同一個動作，才能把動作變成肌肉記憶，變成身體本能。細末分毫處、電光火石間，才是分辨高手的地方，所以專注的核心不光在於你有多投入地做某一件事，還在於你有多大的決心對其他沒有那麼重要的事情說「不」，為你的專注騰出時間來。

抖音兩小時，手遊兩小時，各大社群、論壇再各來一小時，一天下來時間所剩無幾，想必你也不會再有專注的念頭了。要不這麼說吧！這個充斥越來越多的社交媒體、遊戲娛樂的世界正在越來越嚴厲地懲罰那些沒有自制力的人。

再說投入度。關於這一點，所謂一萬小時定律也可以算是某種倖存者偏差了。同樣八小時坐辦公室，你可能一會兒看新聞，一會兒逛網拍，寫個項目計畫書能磨蹭一個下午，這個投入度就遠遠低於那些埋頭幹活、沉浸其中，一抬頭才發現夜幕已經降臨的人。

許多高手精通多個領域，因為他們總是很專注。其他大部分人往往淺嘗輒止，因為他們總在虛度光陰。

節奏

現代人經常講一個詞「效率」，而「節奏」這個詞則很少被提起，若是說起來也是感慨一聲「現在生活節奏太快了」，可是他們在忙些什麼呢？

打工的為了漲點薪水，一個行業還沒摸熟，又跳槽到了另一個行業；創業的，公司關門才沒幾天，就從一個賽道切換到了另一個賽道；就連減肥的，也沒怎麼堅持就從一種流行減肥法轉換到另一種流行減肥法。結果，當然總是沒法成功。

在所有控制節奏的高手裡，日本小說家村上春樹絕對是教科書級別的。他寫長篇小說時，每天凌晨四點起床，用完早餐開始寫作，寫五六個小時，上午十點結束。他要求自己每天寫十頁，每頁四百字，不管多有靈感，十頁一到立馬停筆。但如果寫不到十頁，絕不起身，直到寫滿十頁為止。這哪裡是寫小說呀，這不就是跑馬拉松嘛？

你發現沒有？「效率」這個詞充滿了焦慮感，好像你一時半會兒不做點什麼，就要被甩開、被淘汰、被同齡人拋棄一樣。人一焦慮，做出的判斷多半是錯的，付出的努力經常是無用功，甚至會起反作用。而「節奏」這個詞，你感受一下，有一種很自信的韻律在裡面。它把整件事情看成是做一道菜，加水、切料、下鍋、汆燙、燜燉、起鍋、擺盤，慢了就抓緊點，快了就停下來，講究一個恰到好處。

就像世界盃賽場上踢球，不是前鋒，也不是後衛控場，通常由中場最核心的球員來控制局面，組織球隊時而進攻，時而防守，有的時候加速一把，或者暫時放慢節奏。所以，我們誇後衛為後防中堅，誇前鋒為鋒線殺手，但只讚揚能控制局面的球員為「中場大師」。

　　在職場和人生的賽場上，高手們總在控制節奏，成為自己的大師，因為他們懂得，真正的成功從來不是靠心血來潮式的反覆衝刺。

信念

　　「信念」是一個常常被誤解的詞。上面提到的專注和節奏，你可能在很多地方看過了，然而對你並沒有什麼用，當你下次遇到需要專注、需要控制節奏的情況時，連想都不會再多想一下，還是會按照原先的方式繼續消耗自己，或者繼續犯錯。

　　為什麼一個普通人，即使知道了所謂的成功心法，還是沒法運用呢？就像巴菲特談他的投資心得：「很簡單，你需要做的，就是以低於其內在價值的價格買入一家好企業的股票，然後坐等它上漲就可以了。」

　　簡單嗎？簡單。做得到嗎？九成九的人都做不到。因為他們沒有「信念」。

　　什麼是信念？就是無論發生任何情況都相信自己的那套方法是有效的。炒股的人都理解這種心情：你看好一檔股票，然

後買定離手，它跌了又跌，跌了再跌，你會越來越懷疑自己的判斷，最終精神崩潰，含淚割肉離場。如果買進以後稍微掙了點錢，你又會不停地問自己「會不會跌啊？萬一跌了呢？」然後匆匆忙忙地賣出完事。長期來看，全都輸多贏少。

不光炒股，面對人生其他事情，大多數人也都是如此，因為沒有信念，所以人們總是想一夜暴富，同時又常常半途而廢。

信念聽起來挺玄，好像只要自己相信就可以，是這樣嗎？其實並不是。

信念的培養，要求你必須曾經專注過和把握好節奏過，嘗到過甜頭。而且，取得的成績越好，成功過的領域越多，你的信念感會越強。當進入陌生領域時，你會越容易有意識甚至下意識地專注並控制好節奏，隨後的成功會再次強化你的信念。這也是高手進入陌生領域後上手極快、而且帶著某種近乎盲目的自信，失敗後敢翻身再爬起來，再失敗再爬起，直到最後一刻取得成功的原因。

是觀念造就行為，還是行為塑造觀念

這個世界上，關於個人成長的道理真的有那麼多嗎？不多，說來說去就是那麼幾條。只不過，不同時代、不同領域的高手們換著方式表達出來而已。這些道理誰都懂，甚至絕大多數道理你都看過學過，可是這跟你能否成功是兩回事。有時候你會

覺得這是觀念或者認知的問題，又有些時候你會發現道理懂那麼多，還是過不好這一生。

是觀念造就行為，還是行為塑造觀念？我的答案是：都是，又都不是。

觀念當然造就行為，但是行為導致的結果會回饋強化你的觀念，或者讓你質疑它甚至顛覆它。在這期間，還需要更重要的東西——思考。

真正有價值的思考才會在認知和行為之間建立起信任感，就是剛才提到的信念。而專注和掌握節奏的信念，必然為你帶來在一個又一個領域的成長，乃至成功，這才是真正的高手追求的。所謂那些平淡無奇的勝利，不過是最終的表現罷了。

五個建議
穩固你的職場生存期

　　四十三歲的 Michael Wu 是高科技公司 C 中國區負責大客戶晶片的銷售總監，今年三月被裁掉了。北大數學系本科、美國芝加哥大學電腦系碩士、某晶片巨頭十年中國區高管經驗，也沒有改變他進入 C 公司才第五個年頭就走人的結局。和他一起被裁掉的還有平行部門的另外兩個總監。

　　離開的飯局上，Michael 喝得並不多，當旁邊人不知是真情還是假意地問他怎麼回事時，他苦笑了一聲說：「沒辦法，我們太貴了。」

　　為了滿足華爾街那些冰冷數字背後的貪婪胃口，C 公司今年提出了「雙 15」的財務指標──業績增長 15％，成本縮減 15％。業績尚未達到，成本怎麼縮減？自然是裁員了。裁掉一個年薪養百萬的 Michael，換上一個不那麼資深也不那麼昂貴的備選，比起裁掉五六個苦哈哈的小員工，實在划算得多。

　　我的大學同學 J 在晶片行業走闖多年，幾天前在深夜茶室

裡，跟我講完 Michael 的事，我無法不唏噓。為了保護當事人，我用了代號，然後把這件事分享給每一個踏入職場不久的年輕人。下面這五點看法和建議希望能幫到你們。

對普通年輕人而言，便宜是唯一的優勢

如果我問你們，年輕的職場小白的優勢是什麼？答案可能五花八門，比如有衝勁、有激情、可塑性強等。不好意思，我只能呵呵，其實年輕人沒什麼優勢，唯一的優勢就是便宜。

之前小米上了頭條新聞，人們談到被譽為中國勞動模範的小米創辦人雷軍的奮鬥史，我們從中可以看到：有衝勁、有激情並不是年輕人的專利。至於可塑性強呢？在行動網路時代，多少人從 A 行業跳到 B 行業，也一樣取得了成功，跟年輕沒什麼關係。

從前東家金山軟體到小米，雷軍帶領小米發展成一家「以手機、智慧硬體和物聯網（IoT）平台為核心的網路公司」。你可以把公司的招聘看作超市採購，招聘最重要的一件事就是性價比，如果你創造不了更高的價值，那麼就只能隨行就市賣個批發價。這也是許多人抱怨每個月的薪資交完房租還完信用卡，到手就幾乎所剩無幾的原因。

這很好解釋：如果你並不出眾，那麼薪水剛好給到維持你基本的生活水準，讓你無法離開公司就行。

但是，你的便宜，對你也是一種保護。便宜的價錢會降低公司的預期，當需要縮減成本的時候，他們不會打一個可以完成自己本職工作的年輕人的主意。因為你年輕，還因為你便宜，不會像 Michael 那樣因為「太貴了」而被裁掉。

永遠讓雇主佔便宜

我說一個普遍現象，你看看是不是——幾乎每個人都嫌薪資漲得太慢，卻沒有人覺得自己配不上那份薪資。

你不得不點頭。可我告訴你，這種想法很危險。我曾經的一位主管跟我說過，進入職場這麼多年，他換過公司也換過行業，居然沒有一次主動申請加薪。但是現在看來，作為一家中型公司的管理層，他的薪酬比同齡人的平均水準高出許多。

更多的人選擇相反的做法，他們討厭被公司佔便宜，喜歡拿著新學的幾條「包你月薪五萬的職場加薪術」去和老闆講道理。我不知道結果如何，我祝他們好運。但我只相信前主管講的一個道理，一個人的薪酬水準基本圍繞他能創造的價值波動，高不了多少，也低不了多少。

我不是說你不要提加薪，畢竟有些老闆喜歡揣著明白裝糊塗，需要提醒提醒。怕就怕在一些喜歡「全員漲薪」的大公司，你創造的價值漲幅已經跟不上你的薪水漲幅了，你還渾然不覺，那麼你被裁掉的機率其實也在上升。

所以，我建議你把更多心思花在努力成長、努力提升、努力創造價值上，你的價格才會在市場的公允評判下，不以哪個老闆意志為轉移地水漲船高，而不是天天盯著每個月的薪資單算計。記住，你要永遠給人「俗擱大碗」的感覺。幫他賺一百塊，本來該拿四十塊，你只拿走三十五塊，遠遠好過幫他賺五十塊你要拿走一半。

年輕時不要急於賺錢

進職場的前幾年，我一直有一種錯覺，我以為個人財富是靠月復一月、年復一年的積攢慢慢積累起來的。

當然，那時候網路不發達，也沒有現在這樣便捷的線上教育，例如英語、演講、寫作、文案、攝影什麼的。於是我很少花銷，把每月的薪水小心存起來，沒太多娛樂，也沒投入其他額外的學習，我看著銀行帳戶裡一點點變多的位數，笑得很傻很天真。

直到很久以後，我才明白自己錯了。真正的財富絕不是靠一點一點線性積累，而是指數級滾動。比如大家熟悉的房地產、常說的股票和一般人不太懂的期貨。可是，這些投資要嘛門檻太高，要嘛風險太大，要嘛兩者兼有。有一種起點低風險卻很小、還收益巨大的投資，就是投資你自己。

剛才提到薪酬，很多人都認為薪酬是對自己工作的評價和

認可，所以獲得更高的薪酬才能意味著自己的成長。錯！這是本末倒置。更高的薪酬只是你在變強的路上的副產品。

趁著年輕，別再把省下的錢都寄回家給父母定存了，也別去購買股票、債券、數字貨幣什麼的，那些東西漲你不知道為什麼漲，賠你不知道為什麼賠，人家不宰你宰誰？投資你自己，一年之內，或許依然沒有起色；三年之內，你大約可以超越半數以上的同齡人；五年之內，你一定會煥然一新。

投資到自己身上，不光意味著你在某些領域會變得更厲害、更出眾，重要的是，這種出眾可以為你打開一扇大門，讓你接觸到門後那些對優秀的年輕人報以期待的前輩和先進。和他們合作，借他們的勢，不用求也自有人帶你飛。那個時候你會懂得，為什麼我會說真正的財富是指數級滾動而來，擋都擋不住。

控制欲望，分清投資和消費

上面說到投資，有一個常常被誤解成投資的概念：消費。做為男人，我理解女生買到一個心儀包包時的心情，我們購買3C產品時也是一樣興奮。但是，我永遠理解不了拿三萬塊月薪的你買一個七萬塊的包包，怎麼就可以成為自我奮鬥的原動力？如果有人持這樣的想法，請給我解釋一下「裸貸」是怎麼回事。

也許有的人真的可以從超高消費中獲取動力，但是我相信這一理念並不適用於所有人。那些勸你買包包來提升奮鬥激情

的人，不會幫你還借款、信用卡債務和各種分期付款。

坦白說，你買貴得要死的包包，還不是因為一個字：爽。而我說的投資，那些真正帶來個人成長的投資，必然痛苦到極致。每天早上雷打不動花一小時讀英語，每週抽三個晚上學習插畫，每個交易日研究上市公司財報到深夜，每個週末強迫自己做一次個人業績回顧和執行力回顧……既枯燥又乏味，大多時候還孤單，遠不如一個包包來得性感。

所以你看，分清消費和投資並不是一件困難的事，困難的是控制欲望。多少人明知是消費，還要以投資自己來自我安慰。更要命的是，如果因為更高的消費不自覺地將生活成本推漲到很高，當有一天你忽然被裁掉時，每個月的銀行帳單會迅速將你擊垮。

想想那些收入天價，卻依然被巨額債務拖垮的明星：拳王泰森、麥可傑克森、職籃巨星艾佛森……從這個意義上講，投資大師巴菲特崇尚樸素的生活理念，不光是人品和修養層面的結果，更是一種謹慎的風險管理方式。

人生無法規劃，但規劃過一定比沒有規劃要好

很多年輕人會在未來的幾年內或者十年內組建家庭，生育孩子。觀察過許多人後，我能看到一條冷冰冰的規律——大多數人四十歲之前的個人成就，幾乎取決於成家之前的水準。

沒明白？思考一下。聰明的你一定想到原因了，婚後的生活，尤其是有了孩子以後，你的成長速度會大大減緩，成長減緩的程度和你對家庭的責任心成正比。極少有人能像特斯拉創辦人馬斯克（Elon Musk）和臉書前首席運營官（COO）雪麗・桑德伯格那樣，在悉心教育好孩子的同時還能撐起自己的商業帝國，或者成為職場女王。通常的情況是，妳在職位晉升和成為媽媽之間做出艱難抉擇，或者下班後回到車庫，不得不抖擻精神披上那身叫爸爸的戰袍，花費掉本可以投入學習的光陰。

　　身為職場人，如果你還沒有孩子，請你一定要珍惜。如果你現在還是單身，更加要珍惜。別把八小時之外的時間，都拿來喝酒逛街、勾妹撩漢了。在變得油膩之前，你需要規劃好第一個職場十年，還有個人成長路徑。

　　也許你會反問，人生可以規劃嗎？誰能保證未來會不會有新機會、新轉折出現呢？是，人生充滿意外，確實無法規劃，但是只有當你規劃人生的時候，才會從繁忙的日常事務中抬起頭來，看看五年後、十年後，你對自己有怎樣的期許。有了期許，你才會知道無論在上班時間，還是回到住所，自己應該往哪個方向努力。

　　當有一天，意外的機會出現時，你才有資格在也好、很好和更好之間選擇，而不是面對步步緊逼的噩運不得不一次又一次地「兩害相權取其輕」，最終難以翻盤，越陷越深。

長得好看
是優勢還是劣勢

　　先問一個問題：有一天下班，你走向地鐵口，旁邊有兩個小姑娘在發傳單，一個長相一般，另一個卻很好看，如果你一定要拿走其中一個的，你會選哪個？當然是好看的。我替所有男生回答了，應該不會有反對意見。女生也可以想想你會選誰。

　　這個答案似乎印證了我們在職場中的一個看法：長得好看是一種優勢，漂亮的女生對外更容易促成交易，對內更容易升職，人生也更容易成功。人們的解釋是，漂亮女生更容易贏得男人的好感，在以男性為主導的商業社會，女性更容易因為男人「愛面子、不好拒絕」而得到見面機會，甚至贏得銷售訂單。

　　真的是這樣嗎？

　　如果真是這樣，我們無法解釋另外一個現象，為什麼中國頂級的商界女性，都是董明珠（中國格力電器的董事長兼總裁）、孫亞芳（中國華為技術有限公司的董事會主席）、吳亞軍（中國恒大地產的創始人）、楊綿綿（中國賽特汽車的創始人）

這樣的人物。我們可以說她們幹練、聰明、堅定、勤奮，還可以說她們和藹，卻完全無法用平常描繪女人的漂亮、嫵媚、性感來形容她們，而且董明珠甚至贏得一個「董明珠走過的地方，連草都不會生」這樣的彪悍評價。

當然，你可以說楊瀾們（乃指中國知名女主持人楊瀾及其所主管或關聯的一群人）也很漂亮，但不要忘了，這只不過跟她們起家的行業有關，漂亮只是一塊起碼的敲門磚而已。在這些行業，玩家都是一群漂亮女人，她們成功與否，跟和普通人相比有多漂亮沒什麼關係。

所以，我們今天來認真談一個敏感話題：美貌和性感在職場上究竟有多大作用？

不同段位的男人，如何看待美貌的女生

在一次聊天中，一位女生談起了她逃脫職場性騷擾的經歷。

在一次公司年會，酒過三巡，老闆借著醉意把公事包遞給她說：「幫我保管一下，一會兒我給妳打電話，妳幫我拿到房間來。」她知道情況不妙，前思後想，終於走出一步了妙棋：她打電話到酒店櫃檯，找到住在老闆隔壁的男同事，然後把公事包交給男同事。晚上老闆來電話時，她便推說身體不舒服去附近診所打點滴了，怕耽誤老闆工作就把公事包給同事了，請老闆去隔壁找男同事拿。

故事的結局是：這個女生並沒有因為這件事受到任何處罰或者不公平對待，反倒因為她在平時工作努力、細緻和周到，逐漸上升至公司的管理層。老闆最後視她為左膀右臂，也再沒有類似的企圖。

這位厲害的女生最後說：「對於老闆而言，漂亮的美人好找，但是得力的下屬不好找，忠誠又得力的下屬更不好找。所以，女生不要用姿色，而要用妳的忠誠和能力去征服老闆。當妳成為他不可或缺的助手時，相信我，他絕對不會對妳有歪心思。」

雖然這是一個關於職場性騷擾的故事，但是這位女生已經道出了現代商業社會的協作本質——資源等價交換。

我們設想一個年輕漂亮的女孩子，無背景、無人脈、無技術、無行業經驗，除了自身的美貌，根本拿不出別的能用來交換的資源。那麼職場上，她會遇到不同段位的男人，也會給她帶來不同影響。

段位低又品質差的男人，看到女生的姿色就容易起歹心，也許他會在一些無關緊要的事情上開開綠燈，但是同時他會更加有企圖，例如：變本加厲騷擾妳或者妄想進一步拉近關係，如果妳不情願讓他佔便宜，本來很正常、很順利的事，他也偏要為難妳，讓妳也得不到好。

段位高的男人閱歷豐富，如果妳僅僅就是好看，那麼在他看來，妳跟一個普通女性沒有區別。他不會因為妳好看就改變

重大的商業決定。

所以說，**擁有美貌這樣的資源，在職場上反而可能是一種劣勢**。

當然，有一種情況除外，一個高段位的男性因為感情因素確實喜歡上了這個女生，然後兩人在一起了。這對女生來說當然是非常好的助力，就像某些圈子裡面，漂亮花瓶的後面就可能站著某個大老。

美貌是一種隨著年齡增大，邊際效益遞減的資源

不過，你得知道，大老支持你的機率是非常低的，風險也很大。

我們先說機率。一般情況下，混得不錯的男人可能早早就已經結婚生子了，一個漂亮女生跟自己廝混，他必須要考慮到自己家人的感受，即使夫妻感情不好，也要考慮兒女的感受。所以，通常這種男人不會跟美女靠得太近，他要考慮各方面影響。因為沒有太多接觸機會，所以產生感情的機會是很小的。而且這種男人，剛才說了，如果妳除了好看一無所有，抱歉，妳很難吸引到他們。

當然，在一些圈子裡也有能力很強、很會做事的美女，高段位男人也是願意和她接觸的，但是這種接觸常常在愛情、友情和性之間徘徊，如果沒有一個明確的結果，是很難持續的。

再說風險。任何與智力無關，與身體、稟賦相關的資源，都存在隨著年齡增長邊際效益遞減的問題，比如娛樂圈和運動界就是這樣。如果一個混得還不錯的男人和一個女人在一起，僅僅因為她的美貌，那她就得小心了！「當自己老了怎麼辦？當他遇上更好看的怎麼辦？當男人厭倦了她的姿色怎麼辦？」

　　我們看到許多圈子裡面，大老支持的漂亮女人都很焦慮，她要盡快將大老的資源變現，要打造自己獨特的影響力，因為對方喜歡她可能僅僅是因為她好看，也可能僅僅是因為新鮮感。相反，如果一個女人長得非常一般，那麼當她接近大老的時候，對方只會把她當作一個普通人來看，甚至把她當作男人看，該說事說事，該喝酒喝酒。大老的家人對這樣的女人也會很放心，知道自己男人再怎麼也不可能跟這種女人越過界限，自己的地位很安全。

美貌是一種高級資源，需要更高階的智慧來駕馭

　　我們回到職場上來。有漂亮女生可能會問：「格總，那美貌就一點用都沒有了嗎？好看又不是我的錯，我該怎麼辦呢？」

　　大家應該都聽說過一些調查，結論是長相好看的人往往比長相一般的人薪酬高出百分之多少。這個結論有一點問題。比如，色情從業者長相水準肯定是高於女生平均水準的，但不是每個年齡段的薪酬都高於其他行業女生的平均水準，更何況，

她們薪酬隨年齡增長還是遞減的。

我的解釋是：長相優勢並不直接作用於你的薪酬。長得好看更容易薪酬高，是因為長得好看更容易讓人自信。這個就不用解釋了，大家都懂。

美貌和金錢、智力、權勢、聲望一樣，是一種高級資源，本身沒有好壞之分，卻需要更高階的智慧才能駕馭。自信，就是一種高階的智慧。所以，與其說長相越好看薪酬越高，不如說越自信薪酬越高。

就像我們說打籃球容易長個子，不如說因為個子越高，在籃球這項運動方面就越有優勢。經過無數次篩選後，籃球都是一幫高個子在玩，所以看起來打籃球容易長個子。

很多美貌的女孩子，因為長相優勢從小得到的關注就多，所以她們也更自信，這本來是件好事，但是如果沒有更高階的智慧來駕馭，在逐漸以智力優勢（學校）、綜合優勢（社會）參與競爭的地方，她們還是會不知不覺對自己的美貌形成依賴，反而忽略了自己其他能力的鍛煉，不能讓自己的能力往給對方帶來價值的方向發展，到最後路越走越窄。

人們常說要投資自己。這話是沒錯的。但是懂得投資的人都明白，所謂的投資，是將時間、金錢和精力投向那些隨著時間的推移、能力應該逐漸增值的地方，才可能形成一條別人靠砸錢仍然無法逾越的「護城河」。對一個人而言，大的能力比

如對商業的領悟力、對趨勢的掌控力、對行業的理解力，小的能力比如對藝術的體會、對數位的敏感力，對邏輯的感知力，或者演講、程式設計、寫作等都是需要投資的。

很遺憾的是，許多女孩子的「投資自己」還是停留在外表上面。我不是說女生就不該打扮自己。愛美之心，人皆有之，希望自己更美是人之天性。而且美貌在很多時候確實可以幫助你擺平一些麻煩事情，比如剛才說的讓低段位男人給你行個方便。

不過，無論男女都要小心天性，天性有時候會指向一條不怎麼美好的道路。而且，從機會成本來看，過度關注外表會讓你不得不分散本可投在其他地方的精力，從而妨礙自己的成長。

所以，我們知道的那些成功的白富美，如果她們不說，沒人知道她們當初如何一路拚殺，如何一周工作一百個小時以上，半夜一兩點在廁所因為無法承受的壓力而痛哭。

再比如《哈利波特》中飾演女主角的艾瑪華森，更是一名不折不扣的學霸，二〇〇六年參加英國普通中等教育證書考試，十門科目裡有八門拿了 A+、兩門拿了 A；二〇〇九年，她同時被劍橋大學、牛津大學以及美國的布朗大學錄取，因為喜歡布朗大學更自由的學制，她最終放棄了英國的兩所名校。

所有這些，跟她們的勤奮、堅韌、聰穎有關係，跟她們的美貌沒一點關係。

所以，對於好看的女生，我的職場建議是——忘記自己的

美貌，像其他人一樣去努力工作、努力思考、努力學習和提升。保持好平衡，讓妳的美貌成為妳眾多名片的其中一張而不是全部。

只有為自己爭取到更多與性別無關的資源，你才可能得到周圍所有人的真正尊敬，才可能在職場上與更高階的男人女人交手，並成為他們的一份子，甚至超越他們。只有這樣，才有更多更高階的資源選擇和你合作，因為最高級的商業合作是價值觀的合作，是對長遠趨勢的相同判斷和對互相資源需求的完美互補。

每個職場中年人
頭上都有三頂天花板

　　職場中年人這個話題，都已經聊爛了。翻翻網上的文章吧！「我們不招三十五歲以上的中年人」「要罵就罵中年人，他們不敢跳槽的」之類的，寫得都很對，事實也是如此，但是這種文字解決不了職場中年人天花板的問題。

　　一般而言，一個人進入職場從第十年開始，大概也就是三十歲到三十五歲時，開始遇到職業天花板，上又上不去，往下又不甘心，真的太普遍了。你說職場中年人不拚嗎？他們也很拚，業務熟不熟呢？很熟。但很多職場中年人收入其實並不高，卡在那裡，很無奈，也很無力。這有點像在海裡往岸上游泳，你使勁游，海岸還是那麼遠，不游呢，立刻就掉下去了。

　　問題出在哪兒？

　　我踏入職場已經第十五個年頭了──真是個讓人傷心的數字──經歷過好幾家公司，身邊職場中年人沉沉浮浮也算是看得多了。今天，我想跟所有的職場中年人談談什麼才是你真正

的天花板。

第一個天花板：傲慢

我知道很多人都不服氣，因為傲慢這個詞是很重的，說起來讓人受不了。但我沒胡說，職場中年人確實是傲慢的。

大多數人成長最快都是在剛進職場的時候，為什麼，因為你不成長就得完蛋，一句話，都是逼出來的。都說興趣是最好的老師，我覺得生存才是，而且生存是特級教師。但人啊，真的是天生的，學到的越多，工作越順手，沒人逼著往前趕，就越容易鬆懈下來。於是你開始「傲慢」，人一旦變成這樣，什麼新思路、新知識、新技能等就通通跟你沒關係了。但你自己不自知，反而優越感還強得很。

大部分人都是如此，人性使然，所以到了中年，大家面臨的職場問題都是類似的。

這種傲慢還體現在資訊「只出不進」。我每次參加聚會，有些人在別人說話時一言不發，一有機會就大聊特聊自己熟悉的事，這一看就是「只出不進」的典型。資訊「只出不進」，顯示自己只在某個領域很強，而對別的領域不感興趣。這種人，一般這輩子就這樣了。

第二個天花板：勤奮

你又不懂了。你覺得自己超勤奮呀，每天從早到晚忙個不停，跟個陀螺一樣。之前我也是這麼想的。

我結束第一份工作離開華為之後，有一次跟一個前同事聊天。他說：「我發現之前九成的工作內容其實都是離開公司以後沒什麼用的，只有一成是可以沿用到別的公司、甚至別的行業的。那一成不是具體的工作，而是思考之後的成果，比如看待行業的某個角度，比如快速學習新東西的套路，還有辨人識人、待人接物的細微體感等。」

我深有同感。

幹活當然重要，但是思考比幹活重要百倍。一個人剛進職場，不得不思考如何做事、如何與人打交道，但是當他對工作越來越熟練，形成一套思維模式以後，他就停止思考了。

現在你懂我什麼意思了吧？你雖然勤奮，但是太忙太累了，以致不再思考，那「勤奮」就是你的天花板。

第三個天花板：行業

前兩個天花板你可以突破，因為天花板其實是你自己。但是第三個天花板是行業，這與你個人是否勤奮無關。不同行業賺錢快慢確實不一樣。那就得說到另一個事——轉行。

很多人都問過我，「轉行」可行嗎？這裡我想主要講講轉行的勇氣。

十五年來，創業加打工，我一共待過六個行業，其實就是六份工作，涉及通訊、金融、能源三個領域，基本上每次跳槽我都在轉行。如果跳槽還在本行業，我覺得成長空間太小。

對於跳槽，你問我哪兒來的勇氣，我的答案是：錢。

我第一份工作很忙，對消費興趣也不大，就賺了些錢。所以第一次跳槽時，我簡單算了一下，存款夠我活兩年了。那還猶豫什麼呢？就算對新工作不滿意，我總不可能兩年都找不到更合適的新工作吧？有了第一次跳槽的經歷，後面就不糾結了。

做投資時做過一次事前調查及專案評估，我接觸過二線城市年收入十萬人民幣出頭、年資十年以上的技術人員。可能他們覺得生活得還可以，但在我看來，這種人的生活抗風險能力還是比較差，雖然他們的聰明、努力和責任心，完全不輸給金融、網路那些年薪好幾十萬甚至上百萬的同齡人。

即使不換金融、網路行業，為什麼在自己還年輕的時候不試試別的高收入行業呢？我猜可能是因為「錢沒攢夠」不敢跳，也有可能是把沉沒成本看得太重。

勇氣這種東西不是學出來的，是做出來的。人生苦短，沒必要那麼糾結。

保持開放的心態和學習的欲望

總之，無論你怎麼看待自己的工作、生活，我覺得有兩點還是應該保持。一個是開放的心態，二是學習的欲望。

前幾天面試了一個四十一歲的大姐，雖然她比我大不了幾歲，但是我感覺好像跟她差了不止一代。她總給我一種「再堅持個十幾年，然後退休」的印象；而我這樣的人，老覺得機會還有大把，時不時就想跳轉一下。

現代醫學發展很快、生活品質有了很大的提高，二〇一九年，兩岸人均壽命已經超過七十七歲。五十幾歲退休，遊山玩水，二三十年的退休生活，我不敢想像，也不渴望。一個人沒有工作，不再創造價值，我覺得就算再有錢，也會有種被社會拋棄的感覺，說直接點，就是找不到存在感了。

你可能會反對，沒關係，不用互相說服，大家各自開心就好。

用大時間尺度思考
高瞻遠矚看問題

股神巴菲特總結自己的投資秘訣——投資就像滾雪球，重要的是發現很濕的雪和很長的坡。很濕的雪是指投資的年化報酬率很高，而很長的坡，比喻投資增值的時間很長。

有多長呢？一九九四年十月十日，巴菲特在美國內布拉斯加大學的演講中說到：「從買入第一檔股票至今，我在山坡上已經有五十三年了……」他說，一檔股票如果不值得買入一輩子，你也不必持有它一時。

這就是在用大時間尺度思考問題。

為什麼要用大時間尺度來思考問題

這個世界上，幾乎所有成就和成功都與時間函數有關，無論投入多少金錢、人力、技術，如果沒有投入足夠多的時間，還是不會產生任何好結果。

我上大學時，北京外國語大學和我的學校只有一街之隔，

一個我在球場上認識的小師弟從大一開始就去北京外國語大學學習阿拉伯語。他父親在老家招商局（現在叫投促局）工作，長期耳濡目染讓他意識到，國家改革開放才剛進入下半場，多一門外語會增加許多優勢。於是他開始去蹭課，但人家北外都是小班教學，很難蹭，於是他找到系學會會長，發動宿舍的兄弟跟北外合辦「宿舍聯誼」，拐彎抹角地認識了北外阿拉伯語系的女同學。大學四年裡，他除了 covid19 期間沒出門外，幾乎天天都去北外學習。課餘時間別人都在打牌、喝酒、談戀愛，他卻從來沒鬆懈過。

四年後畢業，他被一家做機械出口的外貿公司錄用，一年後，因為語言的獨特優勢，他開始受命組建公司的中東部，又過了三年，他和當地某個王儲的合影被放在了公司的榮譽牆上。中國「一帶一路」倡議提出來沒多久，他就拉著一票人馬創業，現在已經是活躍在中國和阿拉伯世界商界的少壯派人物了。

關於就業，關於人生方向，這位師弟就是在用大時間尺度思考問題。他關注的早就不是當下一城一地的得失了。他從一個跨度大得多的時間維度來思考，發現並順應趨勢，然後投入資源，最終享受到開花的結果。

從大時間尺度考慮個人投入產出比

我原來有個同事，號稱「沒喝醉過，只喝累過」，最好的

成績是當年在青海做專案，跟當地主管一共八個人，一晚上喝了三十瓶白酒。不過前段時間見了個面，他吃飯時在面前放了個小口杯，一兩酒從頭啜到尾，旁人都起鬨。他解釋說，有些道理年輕時候不懂，仗著身體好一味猛衝，現在才四十歲出頭，就高血壓、高血脂纏身，算是什麼都明白了。明白了要從大時間尺度去考慮個人的投入產出比。年輕時大家都是沒能力、沒經驗、沒人脈的「三無」人員，你空有一副好身體，只能拿時間去堆，拿身體去扛。扛完職場的前十年，這個時候，該學會的必須得會了，該有的你必須要有了。

什麼叫該有的？換工作可不可以不發簡歷打兩個電話就行？有沒有一堆老客戶看你的面子，只要日常維護關係就能保障基本的訂單到手？業界裡稍有風吹草動會不會第一時間通過私人管道得知？看專案能不能通過幾句話就直指要害，少跑許多冤枉路？

這一點不光適用打工者，那些三四十歲、甚至更大年紀出來創業的人，更要學會從大時間尺度去考慮個人投入產出比，因為你的身體、你的時間是你唯一不可再生的資源，你的每一個細胞、每一秒鐘，一定要用在刀刃上。

在身體方面，能跑步就跑步，能散步就散步，能忽略絕不動怒，坐高鐵買一等座、天冷就穿上保暖褲、保溫杯泡枸杞，一點也不要含糊。

時間上，你必須明白，在人生的每個階段，該放棄的就要放棄，該忘記的就要忘記。該爭取的，就要 All in（全部投入）。

另一種大時間尺度：下閒棋

「下閒棋」是圍棋術語，指高手在行棋時，會若有若無地在某個空白處著一子，這看似無意中布置的一子，在後續膠著的纏鬥時，往往會產生巨大作用，甚至左右棋局的走勢。會下閒棋是高手中的高手，已故的賈伯斯就是這樣的高手。

二〇〇五年六月十二日，賈伯斯在史丹佛大學發表了那場名為《生命中的三個故事》的演講：「我決定退學，然後去修那些看起來有點意思的課程，去學怎麼寫出漂亮的美術字……我學到了 sans-serif 和 serif 字體，我學會了怎麼在不同的字母組合之中改變空格的長度，還有怎麼才能做出最棒的印刷樣式，那是一種科學永遠不能捕捉到的、美麗的、真實的藝術精妙，我發現那實在是太美妙了！」

後面的故事，大家都知道了。

從 Mac 開始，漂亮的印刷字體第一次進入個人電腦。在如今消費升級、個性彰顯的時代，當眾多手機廠牌紛紛開始為工業設計團隊引入高端藝術人才時，賈伯斯早在多年前落下了這一步「閒棋」，幫助他早早地引領了將手機藝術品化的潮流，並取得了空前的成功。

關注當下，聚焦眼前利益，是絕大多數人看待問題的方式，這種功利心來自人性。而懂得「下閒棋」的人超越了自己的功利心，於無心處插柳，讓柳隨著時間的推移漸漸成蔭。

我在國外工作時，和一位年輕同事共事過一段時間，他有個特點，每當異地出差，所有人都早早地宅在酒店房間裡時，他總喜歡溜達到接待櫃台，和酒店的經理、大堂經理、服務生們有一搭沒一搭地聊天。有時候回國，除了給客戶帶點禮品，他會買上一些當地的小玩意兒、小特產給他的酒店朋友們。

有一次，我們去一個小島出差，在島上唯一的五星級酒店裡待了整整一個月。很快，次貸危機到來，專案擱置。他被調去了別的國家，我也回了國。次貸危機結束後，專案重新啟動並被公司順利拿下，客戶總部的大老要求把簽約儀式安排在島上最好的酒店，而且指明了預訂的房間和會場規格。

當時正值旅遊旺季，房間和會議室早就被訂滿，客戶經理打爆了酒店電話，對方每次都極不客氣地拒絕。問題上升到代表處，公司專門派人去和酒店談判，人家根本懶得搭理，眼看著簽約日期一天天臨近，終於有人想起了那位同事。

在視訊會議中，幾十個人眼巴巴地看著視訊鏡頭裡遠在千里之外的他撥打酒店的電話，開了擴音。他說了兩句英文，電話那邊停頓了一小會兒，好像換了個人，忽然激動起來：「啊，Leo！是你嗎？啊，我最好的朋友！你在哪裡？Hakan 那天還跟

我提起你！好的，我知道你是因為什麼事找我，別擔心，我的朋友！房間和會場我會為你留最好的，我不喜歡你們公司的人，但我喜歡你。」

我們共同的朋友向我聊起這段往事，我不禁有些感動，在庸俗、勢利的商業世界，竟然有人願意為自己「最好的朋友」幫這樣一個忙。這就是下閒棋的威力。

用大尺度時間思考問題，就是將世間萬物看作一個整體，系統性、超長跨度地通盤考慮，該快時快，該慢時慢，該停時停。不著急、不妄想，雲淡風輕，春風化雨。

學會這種思考方式，並將之運用到生活和工作中，眼下的細枝末節就不會耗費你過多的精力，你會越來越多地注意到那些更加重要卻不緊急的事，越來越懂得如何分配你的時間、你的資源和你的思考能力。因為在時間面前，所有的規律都會端倪盡顯，所有的因果都將無所遁形。

chapter 2

年輕人該以
什麼樣的心態闖職場？

所謂懷才不遇
只是沒有拚盡全力

我前同事遇見了一件特別離譜的事。

多離譜呢？一家大型國企招標，三千多萬元標，他的團隊足足忙了一年多，搞定了所有環節，眼看就是收穫季，結果貼錯了投標檔裡一張專業資格證書，被廢標了。

是銷售的問題嗎？銷售主管說我們要滿足客戶需求，怎麼可能一頁一頁去檢查；是標書組的問題嗎？標書組說銷售自己的專案，他們當然該自己檢查才對；是產品的問題嗎？產品組說我們只負責提供證書資料，你們往哪兒貼我哪管得著。

我聽得直搖頭，弱弱地問他一句：「這個，是流程本身也不夠周全吧？」

朋友在電話裡那叫一個欲哭無淚：「是啊是啊，我也知道公司流程有問題，但是再好的流程也得人來執行吧？哪怕有一個人，但凡稍微負責一點，這種事就不該發生啊！」他聊起當年他還是個小員工時，那叫一個負責任，那叫一個精益求精，

哪有那麼多挑三揀四，哪樣不是從入門到精通。末了，他忍不住拋出一句話：「我這種人，就算被賣進青樓，也一樣服務到位，絕對不挑客人，老子是要做頭牌的！」還真是，話直不怕人怕。

「你就是拿槍頂著我腦袋，我也只能做到這個程度了」

我大學畢業後進了華為做業務，入職後前三個月參加了產品技術培訓，還要考試。我雖是理工科出身有點技術基礎，但學校裡那點東西跟實務操作完全是兩回事。我於是白天上課聽天書，晚上回到出租屋學到凌晨一兩點。第二天上課我依然聽不懂，還睏得要死，老師說「你實在想睡，就去教室後面站著聽吧！」於是我去了，然後站著站著，靠著牆就睡著了。直到現在，朋友們還拿這件事來開我玩笑。

那年七月入職，我國慶假日之前兩次考試都沒及格，聽說第三次再不及格就直接被開除。我和另外兩個同學嚇得乾脆老家也不回了，我們三人整整七天就蹲在機房裡背誦，調試各種設備，早出晚歸。老天有眼，我國慶後考第三次終於及格了。

後來才知道，其實哪有開除這個事兒呢，都是我們自己嚇唬自己的。

我講這些是想說，從上班的第一天起，我有多麼在乎手頭的這份工作。我一點都不覺得工作隨便應付就好，或者只按照流程來做，超出範圍的不關我事，也別找我。完全沒有。無論

大事小事，樣樣我都花心血、花氣力，遇到不會的地方，我就一天到晚泡在公司網站，看各種文章、跟各個老員工請教。工作交出去，除了附件，我還在正文裡各種叮囑對方，這裡我是怎麼考慮的，那裡你要留意，一二三四五點……真的是「你就是拿槍頂著我腦袋，我也只能做到這個程度了！」

不光我這樣，周圍的人都這樣。平時同事開玩笑、喝酒、K歌樣樣都來，但只要談起工作，大家都百分之百專注投入，喝茶喝著喝著就變成專案討論會了。後來我到了別的地方，特別懷念這種氛圍。工作任務雖然重，但心不累。

別怕機會不給你，要怕就怕自己接不住

我一直有個觀點，年薪人民幣二十萬以下的從業者，基本上跟認知、格局沒什麼關係。如果你把每一件事都做到「你就是拿槍頂著我腦袋，我也只能做到這個程度了」，升職加薪攔都攔不住。公司不給你，大不了換地方，大把老闆求著你去。

美國實業家洛克菲勒有句名言：「如果把我身上的衣服全剝光、一毛錢都不剩，再把我扔到荒無人煙的沙漠，只要有一支商隊經過，我還是會成為億萬富翁！」

我們打工人，可以把這句話改一下：「如果公司今天倒閉，我被扔到人才市場，只要我能找到一份工作，哪怕是基層工作，那我很快就能站穩腳跟，再次成為公司主力。」

捫心自問，你能做到嗎？這完全取決於之前你怎麼對待所有交到你手上的工作。有沒有投入全部心血？有沒有精益求精？是不是任何機會你都在爭取？任何成長你都沒放過？

　　前幾天，一位讀者聯絡我。他本科學的是財務，畢業後就在自己表哥開的公司做出納，非常鬱悶。鬱悶是因為，他出納工作雖然做得很好，但兩年了薪資一直沒漲。他提過兩次，表哥每次都說「出納這個崗位只能給你這麼多，你是我表弟，我信得過你，跟我去跑客戶吧，我教你怎麼拉業務。」他覺得對方明知道他不適合跑業務，拿這個來搪塞他。

　　電話這邊，我聽著也很鬱悶。不是為他鬱悶，是為他表哥鬱悶。我問他，你跟著去跑過業務嗎？他說沒有。我說你沒有跑過，怎麼知道自己不適合？就因為大家是親戚，你就該漲薪資嗎？那你在公司當保安、當清潔、當總機，是不是也要漲薪資？別說人家是表哥，就算是你親哥，你要漲薪、要股份，也得貢獻價值吧？甚至就算你親爹，有一天要把公司交到你手上，也得你接得住才行啊！

所謂懷才不遇，只是你沒有拚盡全力

　　工作這些年，我認識那麼多老闆、高管，沒有一個不在痛苦呻吟：招人難啊，特別是管用、可靠的。

　　我每次都想一巴掌甩過去。管用、可靠的人多了，你招不

到或者招過來留不住，最該反省的是你自己。但是另一邊呢，一大堆「人才」在叫屈：行業不景氣、公司平台小、老闆不賞識、主管 PUA（精神控制）、職位不匹配、同事能力差，我懷才不遇……不，不是你懷才不遇，是有很多「我本來可以」的地方，你沒有去努力爭取。就是我們常說的，你在自我設限。

自我設限通常分兩類，一類是別說爭取機會，就是機會來了也不敢試一試，就像上面那個在表哥公司工作的出納，還覺得是人家給他穿小鞋；另外一類就是我剛剛說的，你根本不覺得手頭的工作可以優化再優化，一直優化到「你就是拿槍頂著我腦袋，我也只能做到這個程度了」。這兩個，一個是機會的自我設限，另一個是態度的自我設限。好多人，只在抱怨裡扼住命運的咽喉，等抱怨一結束，繼續做命運的奴隸。

我們別這樣。

90％的職場人
正在被慣性殺死

$\bullet$
$\bullet$ $\bullet$
$\bullet$ $\bullet$
$\bullet$

　　工作這麼多年，我面試過的人也不少，要說印象深的，有個三十來歲的職場中年人。他聊起一段工作經歷，說曾經有機會晉升管理崗位，但是沒去爭取。因為他是技術骨幹，公司想提拔他填補之前主管走後的空缺。明明就說句「可以」的事，結果，他偏偏拒絕了。

　　我有點好奇，問為什麼。當時我就想，也許他的答案是：「我熱愛技術，對管理興趣不大。」這個答案雖然令人遺憾，但至少也有閃光的地方吧。結果他想了想說：「還是因為慣性吧，我挺習慣做技術的。」這個因為慣性拒絕改變的男人，隨後迎來了職業生涯裡最難伺候的一任主管，才沒多久，就不得不離開公司。

　　好幾年裡，他在幾家公司顛沛流離，直到那一天，坐到了我面前。最後，我客客氣氣送他出了門，默默一聲歎息，心想你可別怪我，你都不願意給自己一個機會，別人又怎麼好給你

機會呢？

慣性的可怕，在於它無處不在

　　和朋友同事聊天，我一般說得不多，更喜歡端著茶杯聽別人講他們自己的故事。我一邊聽一邊想，都說「人生而自由，卻無所不在枷鎖之中」，一個人的漫漫一生，究竟什麼才是最大的那副枷鎖呢？我覺得是慣性。

　　你按照某種固有方式生活；你用某種習慣性眼光去看待一個人；你依據某個自以為成熟的觀念去思考一件事……這些都是慣性。你以某類風格和周圍人相處，慢慢形成人設，然後活在這個人設裡，就連出門旅行，你也不知不覺按照固定的標準去選擇目的地，選擇入住的酒店類型，選擇一成不變的路線規劃……等，這些也都是慣性。

　　想想挺可怕的，你意識不到在慣性之外本來還有別的可能。更可怕的是，你否定了這些可能，說起來都是它們有問題，但更底層的原因是──它們不符合你的慣性，但你卻不知道這一點。

　　生活中的慣性倒也罷了，就怕在工作和職場中，當那些與慣性衝突的可能來臨時，你下意識的反應不是好奇，開足馬力思考，而是──怎麼會呢、不可能、沒必要吧、先看看再說、跟我關係不大、還是算了吧！就像上面那名應聘者，將成長機會拱手相讓，也將自己的前途交到了別人手上。

想贏得可能性，請先擺脫慣性

我真的挺感謝自己的。我的性格裡一直有種打破慣性的勇氣，比如我當年應屆畢業去華為，為了盡早下派海外市場，主動打破考核流程，直接去簽證科申請簽證。其實，就連我分配到海外市場也並非順理成章，這裡有一個小故事。

我們應屆畢業生完成國內培訓後，會被公司分配到國內或者海外市場。這個分配按批次來，完全隨機，可能這一批都去國內，或者下一批都去海外。而名單上我的分配方向就是國內。

那天特別巧，有一名社招入職的老員工，是個美女姊姊，之前因為時間緊急直接去了東南亞市場，等稍微沒那麼忙了，飛回國培訓，正好趕上和我們一批分配。聊天時，她聽我說對國外工作蠻嚮往，不經意間說：「你去找人力資源部申請看看，反正試一試又不扣錢！」

如果按照慣性，我可能也就笑笑，心裡說一聲「算了，太麻煩了」，這事也就過去了。但我沒有，我就想，國內市場已經很成熟了，對能力的提升肯定比國外低，而且，國內早就一個蘿蔔一個坑了，晉升通道也比國外狹窄啊。我不想順其自然，我偏要勉強。

之後，我又找了兩個也想去國外的同學，三個人壯著膽子一起聯繫了大部門秘書，居然真的得到了面試機會。

面試挺難的，一波三折，不過總算有驚無險。很多年後的今天，他倆一個已經升任歐洲某國的國家代表；一個早離開華為，開起自己的電子配件公司，主營南美洲市場，市值破億；而我呢，無論是收入、能力還是見識，都得到了自己想要的。

我們常說，人生充滿了可能性。很多人也就說說而已，該怎麼過仍怎麼過。其實，你想贏得可能性，首先請擺脫慣性吧。要嘛，你殺死慣性得到成長；要嘛，你被慣性吞沒，直到水淹過頂。

不要讓自己有一天水淹過頂

什麼叫「水淹過頂」呢？這個詞挺狠，但我覺得很具體。舉幾個例子吧！比如有一天，當你發現比你年輕、比你資歷淺的新員工，因為成長突出，很快晉升為主管時，你不得不和人家尷尬相待；或者，你所在的行業開始衰退了，你在的公司慢慢勢弱了，身邊的同事呢，越是優秀的越早離開，你也越來越找不到工作的價值感了。這種腳搆不到地面、喘不過氣來的無力感，就是「水淹過頂」。

當然了，如果你經歷過裁員，體會過那種毫無防備的絕望，你就更會明白什麼叫做水淹過頂。

職場總是人來人往，別看大家嘻嘻哈哈風平浪靜，只有深入內心深處，你才能聽得見別人隱忍的痛哭聲。像我就聽見過

許多次：「為什麼會這樣？」也寬慰過許多次；「事到如今，還是⋯⋯？」還能說什麼呢？說什麼也沒有用了呀。

這個世界有一條真理你一定得同意──每個人的今天，都在為昨天買單；而明天的你，也必然為今天買單。

所以，我想奉勸每一個職場人，請你時時刻刻保持對慣性的警惕。真的，不要當有一天「水淹過頂」、喘不過氣來了，還想不明白自己究竟是死在誰的手裡。

如何判斷
是否 All in

　　二○二○年，「川普熔斷」橫掃美股，道瓊指數最嚴重時跌了 39％，全球股市紛紛跟著經歷多次熔斷，然後又報復性反彈，一天輕輕鬆鬆漲回來 10％。太平洋這邊我大 A 股也是暴跌暴漲，大起大落，真是太刺激了！

　　很多股民同學說已經 All in 了，波動劇烈的行情玩的就是心跳。結果，心律調節器竟險些斷貨。這種 All in 之後的欲仙欲死，讓我想起五年前的那個夏天。

　　作為二○一五年股災前夕才入市的年輕股民，我在股災開始後的一個月內，就打光了所有子彈。我以為抄到山底了，結果跟跳崖一樣，在半空中已經嚇死了都還沒見到底。幸虧一開始投入資金量不大，那次被毒打讓我懂事了很多，後來才開始慢慢在股市中賺到錢。所以，每次有新人要開始炒股，我都建議他們膽子不妨大一點，All in 幾次就什麼都懂了，人也成熟了。真正的賠錢才是最好的投資者教育。

大家經常說 All in ——創業要 All in，就連追喜歡的人都要 All in。什麼都要 All in，又有什麼事不能 All in、必須留一手呢？

如果你是普通人，炒股不建議 All in

先說炒股。剛才我已經說了，炒股絕不要 All in。我認識的所有在股市中賺到錢的人，沒有一個 All in 的，一個都沒有。當然，這個世界上或許有這樣的人，但我確實不認識。其中一個在股市長期獲利的朋友，他給我的忠告是——永遠不要打光最後一顆子彈。

這句話有句潛台詞，就是：「永遠不要奢求你的每一個銅板都能賺到錢。」你看這話跟誰說的很像？對，巴菲特。股神的說法是：「記住兩件事，一保住本金；二參見第一條。」

為什麼炒股絕對不能 All in？原因很殘酷——一旦賠錢了，你很難利用剩下的錢把賠掉的賺回來。就是這麼簡單，這就是股市的規矩。

關於股市，「價值投資之父」班傑明‧葛拉漢有一個著名的「市場先生理論」。我倒覺得，市場不是先生，市場是爸爸。你照著爸爸的規矩來，爸爸才會給你零用錢。所以這位朋友說，牛市當然不能錯過，但深陷熊市無法自拔更不能接受。反正市場天天都開，只要籌碼還在，隨時都可以下注。

創業應該 All in 的是時間和精力

創業要不要 All in？這個問題比炒股複雜一些。做為一個曾經創業失敗過的人，我的建議是：如果要 All in，就 All in 那些不用就產生不了價值的資源。

什麼是「不用就產生不了價值」的資源？即你的時間和精力。說句大白話，你在家裡躺一天，這一整天的時間和精力就沒了。時間和精力，今天的沒法累積到明天用，所以一定要 All in，不 All in 就浪費了。

而錢呢，錢要 All in 嗎？錢不要 All in。因為，創業失敗率太高。

思聰少爺（中國大連萬達集團董事長之子）只有一個，王健林（中國大連萬達集團董事長）可以隨手拋給他五個億來試錯，我們很多人拿個五萬十萬出來都很困難。今天你把錢 All in 了，明天可能就沒飯吃了。不要輕易嘗試孤注一擲這種事，誰都沒有主角光環。如果一定要投錢創業，切記留下可以正常生活的那部分錢，特別是有家庭的人。傾家蕩產很可怕，比傾家蕩產更可怕的是，妻離子散。

那錢不夠怎麼辦呢？答案是：用別人的。這就關係到你的另一個資源——人脈。目前天使投資已經很成熟了，大家談利益就好。人家花錢買你的時間、精力和你的一部分未來，有什

麼不好呢？

你說，我只是做點小生意，也不認識什麼投資人，怎麼辦？可以考慮家人同學朋友，但不建議直接借，借了還不上，關係會鬧僵。別談感情，談條件，要嘛你把蛋糕做大，大家開開心心分；要嘛輸了拉倒，願賭服輸。

即使最後失敗了，你照樣可以正常生活，而你在創業時投入的時間和精力，會變成你知識、技能和認知的提升。

這才是最寶貴的財富。

只要身體能承受，打工一定要 All in

打工要不要 All in？答案很明確，只要身體能承受，打工一定要 All in。

有人覺得打工就是被老闆剝削，「給多少錢幹多少活」，這種想法就很愚蠢，就算不是第一愚蠢，起碼也是第二愚蠢，剛才說的炒股 All in 是第一愚蠢。

炒股、創業都有風險，打工實際上是「無風險套利」，如果我沒記錯的話，中國中小公司平均生存時間是三年左右。公司破產，老闆完蛋，且很難東山再起，但你還可以換一家公司繼續打工，薪水照領。

最重要的是，公司提供了一個平台，讓你磨練技能，提升知識和認知。更重要的是，公司還要發薪水給你。

老闆們喜歡說，公司不是做慈善的。但在我這種打工 All in 的人眼裡，公司就是在做慈善。它給我學習的平台，還發薪水，比慈善家還慈善。所以打工 All in 的人，從來不擔心公司破產自己完蛋。他們可以選擇繼續打工，或者自己創業，可謂進退自如。

之前我看新聞，留意到位元組跳動公司（即今日頭條、抖音的母公司）創始人、原 CEO 張一鳴的採訪。張一鳴二〇〇五年大學畢業，加入酷訊，只用了一年的時間就從普通工程師升為管理全部後端技術和部分產品工作的主管。

他後來回憶：「我工作時，不分哪些是我該做的，哪些不是我該做的。我做完自己的工作後，對於大部分同事的問題，只要能幫助解決，我都去做。我雖然負責技術，但遇到產品上的問題，也會積極地參與討論、想產品的方案（包括與業務一起出去跑單）。」

很多人說這個不是我該做的事情，但我認為——想把事情做好的動力會驅動你做更多事情。

後來，超級獨角獸位元組跳動計畫上市時，估值一般般，也不過就一千億美元量級而已。

談戀愛要不要 All in ？你開心就好

最後一個問題：談戀愛要不要 All in ？

我覺得，問這種問題的不是渣男就是渣女，難道談戀愛還

要有所保留嗎？不應該全身心付出，傾盡所有投入嗎？

上面提到的那幾位在股市賺了錢的朋友，有男有女，平均年齡三十五歲。他們對於談戀愛的普遍觀點就是——談戀愛不是做生意，不能搞算計那一套，要談當然就轟轟烈烈談。至於該不該 All in，要我說我只能說不知道，但其實我知道，談戀愛 All in 的風險比炒股還大。

感情可以 All in，也應該 All in，至於其他的……算了，你開心就好，嘿嘿。

所謂飛來橫禍
多半是不見棺材不落淚

　　我最近太忙，文章也就一周更新一次，但後台訪客留言仍然每日不斷。

　　「格總，我最近失業了，怎麼辦？」

　　「格總，我老婆要跟我離婚，怎麼辦？」

　　「最近可能熬夜得凶，一直上火很嚴重，頭還經常痛，停止熬夜後也不見好，我會不會猝死啊？」

　　「我買的那個理財，之前一直正常兌付啊，怎麼老闆說跑路就跑路了，我二十多萬都在裡面，怎麼辦啊？」

　　怎麼辦？怎麼辦？有錢土豆燒牛肉，沒錢鹹菜下稀飯。

失去一樣東西，往往是因為你本來就配不上它

　　我在很多篇文章裡都提到過股神巴菲特的老夥伴查理·蒙格（Charles Munger）的一句話：得到一樣東西最可靠的辦法，是讓你自己配得上它。這句話我建議你讀出來，多讀幾遍。英

文原文如下：The surest way to get something you want is to make yourself worthy of it.

自從第一次看到以後，我就無比推崇這句話。

我知道很多人也認可這句話，是因為裡面的那個「配得上它（worthy of it）」：如果你還沒有一樣東西，你要努力啊，努力再努力，直到你配得上它，你才能得到。

這話當然沒錯，但其中有個 bug。什麼 bug 呢？

我們必須承認，其實可以通過很多種方式得到很多東西，即使你根本配不上。比如，經濟形勢好，行業發展猛噴，你因為專業對口經歷匹配，很容易找到一份不錯的工作。但這個時候，你真的配得上它嗎？比如，對方感情陷入低谷，需要陪伴、需要照顧的時候，接受了你窮追猛打的追求，甚至順其自然地結了婚。那麼，你真的配得上人家嗎？再比如，許多人連上市公司財務報表都不看，聽到一些「內幕消息」，或者看別人拍胸脯打包票，就一股腦兒衝進股市，而且居然還賺到了些錢。這些賺到的錢，你確定自己配得上？

你並不需要配得上也能得到，這在某些時候是可以的。

所以，查理‧蒙格想告訴你的，還有另外一個意思──當你並不是以「最可靠的方式」得到一樣東西時，那麼你多半還會再失去。這個才是最要命的。

所謂飛來橫禍，不過是靠著慣性持續地自欺欺人

聊聊我們最常見的失業吧。二〇一九年有個新聞，甲骨文中國區裁員，員工拉起抗議字條，引發網上軒然大波，好像這個「飛來橫禍」讓他們措手不及。

失業這種事，真的是一夜之間發生的嗎？當然不是。這幫看起來高大上的外企精英，如果稍微對自己負點責任，都應該知道，當年他們通過高學歷、高智商得到高收入、高福利，就算不是「最可靠的方式」，起碼也是「很可靠的方式」。因為那時候的甲骨文，幾乎壟斷技術，行業利潤超高。

可是，最近十年，中國的外企已經普遍不再那麼有競爭力，不那麼吃香了。最近五年，甲骨文所在的領域已經不是一枝獨秀，而有以阿里雲領軍的眾多國產雲崛起了。就連像我這樣的外行，也知道二〇一九年十月的那條消息——阿里旗下的螞蟻金服在資料庫測試中打敗了甲骨文。

行業在巨變，九九六工作制（早上九點上班，晚上九點下班，每週工作六天）已經是業界常態，當公司都被迫做出改變時，他們的高學歷、高智商還可以是「最可靠的方式」嗎？還能配得上之前那種薪水又高、事情又少、福利還多的工作嗎？答案當然是不可以。

那為什麼不提前跳槽，哪怕降低點薪酬呢？或者利用業餘

時間做兼職，哪怕一開始少賺點，也是在為自己鋪路，一旦被裁員，正好拿著資遣金換個自由身自由做。

然而他們並沒有，為什麼？很簡單，好日子畢竟還在繼續，還沒有到頭嘛。所以你看，哪有什麼飛來橫禍，有的只是不見棺材不落淚的僥倖心理，或者假裝看不見變化，靠著慣性繼續生活的自欺欺人。

擁有一樣東西時，多問問自己「憑什麼」

我發現，這年頭絕大多數人都覺得這個世界虧欠自己了。不管遇到什麼事兒，總喜歡以一種受害者的姿態，問人家一句：「你憑什麼？」理直氣壯得很。

理財遇到理財公司跑路：「理財公司你憑什麼？」

被公司降職：「老闆你憑什麼？」

檢查出罹患重症：「老天爺，你憑什麼？」

所有那些看起來理所當然的東西，你真的是以「最可靠的方式」得到的嗎？你確定？不如我替你回答吧，「未必」。

只有極少數人會去思考繼續擁有這些好東西的「最可靠的方式」是什麼。其他人都在想，什麼才是「最快的方式、最省事的方式、最不累的方式、最不需要負責的方式」。

所以，哪有什麼飛來橫禍呢，有的只是人性中根深蒂固的懶惰、貪婪和懦弱。我倒是覺得，<u>在橫禍飛來之前，你多問自</u>

己一句：「我憑什麼？」

如果是這樣，也許這個世界會減少太多太多的悲劇。

我沒有親自研究過理財投入的具體項目，所以憑什麼拿這個錢？我雖然是資深員工，但對公司的新業務已經提供不了更多的價值，還坐這個位置，我憑什麼？去年體檢醫生就警告過我要注意身體，但我還是沒注意休息，也沒好好鍛煉，想繼續健康下去，我憑什麼？我不想花所謂的「冤枉錢」，沒有為自己和家人配置合理的保險，現在治病治得傾家蕩產，還想讓人家為我捐款，我憑什麼？

對吧？這才是正確的態度。可以問「我憑什麼」的地方真的太多了。世間所謂的飛來橫禍，多半都是不見棺材不落淚。

如果你看完這篇文章之後願意重新審視自己的生活，看看你已經擁有的那些，健康的身體，和諧的家庭，工作、社經地位、財富和朋友……等，是否真的來自「最可靠的方式」，不再給它們任何「飛來橫禍」的機會，那麼這篇文章也許才算沒有白讀。

希望你得到的每一個答案，都是那麼心安理得。

你拚命努力
可能在加速自己返貧

　　這個世界，誰沒有在努力呢，對吧？有句話說得好，光是活著就已經用盡全部力氣了。但是我們也不得不承認，同樣是在努力，人和人的結局就是有著天壤之別，有人方向正確，就能事半功倍，而有人方向一錯，越努力境況就越差，越努力就越危險。

　　談三點體會吧，也是三個常人愛犯的方向性錯誤，希望你沒有。

考慮投資時只關心收益，不分析風險

　　我一個做投資的朋友，在老家的外侄準備開個食品加工的小工廠，就跟朋友的父母借錢。朋友知道時，錢已經借出去了。他大概問了幾個問題就對父母說：「這個錢不要催著還了。」果然才半年不到，工廠倒閉了。

　　朋友跟我說，雖然大家從事的行業不同，但有些東西是有

共性的，問幾個問題就大致清楚能不能成了。這我知道，專業做投資的人和很多普通人做生意完全不一樣。專業投資者一天到晚想的都是兩個字——風險。

國家政策要搞清，鼓勵類的補貼不一定到位，不鼓勵的最好別碰；上下游穩不穩當要研究，比如太依賴大客戶，或者太依賴主要原料商，都容易被人卡住脖子；團隊結構的頂層設計要仔細盤算，做好溝通，免得責任不明確，錢也分不均。

風險太多太多了，真金白銀投進去之前，一定要看仔細。專業投資者天天想的是：「萬一出現風險怎麼辦？」所以，他們一般分析了一二十個項目，甚至更多，才會篩一個合格的出來投。一旦投了，他們基本就穩賺不賠，區別只是賺多賺少。

奇怪的是，很多普通人包括他那個外侄在內，想的卻是另一個面向：「萬一可以賺錢呢？要是不投，豈不是會錯過？」錯過賺錢機會？不，不，那絕對接受不了。

跟專業人士不同，普通人眼睛盯著的是收益。他們不光識別不了風險，因為對收益太過熱情，即使被提示風險，還會假裝沒看見。所以，他們手裡好不容易有點錢，不折騰還好，一折騰反而負債累累。

我朋友評價說，有些人拚命努力，恰恰是在加速自己返貧。

遇到對手時只熱衷競爭，不在意合作

很多人看到別人賺錢，老是會有一種「我要比他更努力，然後把他比下去」的想法。這種想法不是不對，愛拚才會贏嘛。但是如果拚錯方向，只熱衷於競爭，而忽略了合作，可能就是災難。

比如一個地方有什麼特產，一家賺錢了，大家就一窩蜂上，到最後必然導致價格戰，每一家都活不好。一條街上，包子鋪生意好，你就非得再開一家包子鋪，結果大家都賺不到錢。

前幾天，我看了篇文章，寫的是在英國的華人首富葉煥榮。二十世紀六○年代，年輕的葉煥榮在倫敦開中餐廳，中國人勤勉，生意慢慢做了起來。沒過幾年，華人中餐廳越開越多，競爭越來越激烈。葉煥榮沒有選擇跟同胞鬥個你死我活，而是選擇了合作——他開了間專門給中餐廳提供食材的雜貨店榮業行。這個榮業行，成了他走上首富之路真正的起點。

我發現那些生意做得大的，能賺錢的人，遇到對手的第一個反應往往都不是競爭，而是「能不能跟他合作呢？」他越這麼想，對方越能感受到善意，這會讓他的經營圈子變得更安全、更可靠，風險更低。

然而，很多人生意不大，想法卻很極端，遇到對手喜歡爭一口氣，他們往往錢沒賺到，氣也沒爭回來。幹嘛要跟錢過不

去呢？

我曾推薦過一個真人實境秀《富翁谷底求翻身》，裡面的主人翁是個億萬富翁。面對競爭對手時，他也提到要先考慮合作，而且會主動找對方談：「永遠記得用雙方互惠的交易，先行消除潛在衝突。」

解決問題時只習慣選擇，不拓展思路

我們來做一道思考題：你面前有一個硬幣，現在給你一個機會，猜正反面，猜對了贏得一個億，猜錯了一分不得。你會怎麼選？

如果你學過金融，就會知道這道題有無數個解法。比如，把這個猜正反的機會賣出去，沒有風險地賺五千萬。條件是，只要有人認可這個機會的價值。

你看，普通人遇到問題常常在正和反之間糾結，這也想要，那也不想丟，很頭疼。這是在把主動權交給別人後做出的選擇，也很難有利可圖。其實呢，在「正」或「反」之間，常常還有很大的迴旋餘地。你把思路打開，引入更多資源和變數，完全可以爭取到不同的結果。

有一次，手下的業務找到我，說有個客戶很難纏。談判多輪後，他給公司出了一道選擇題—— A 方案出很低的價格，但是付款條件還可以；B 方案出高一點的價格，但是付款條件很糟

糕。

業務很糾結，說兩個選擇都不好接受啊……他還沒講完，我的勝負欲就被激起來了，邊聽邊笑出聲說：「這一招，不是我常用的嗎？這客戶是不是想造反啊，居然反過來給我出題了？」

小孩才做選擇，我們成年人什麼都要！

我帶著業務飛到當地，和對方老闆面談。我說，價格我要高的，付款也要好的，同時，我還要按這個條件簽一個兩年期的長期合同。客戶看著我，像看一個傻子。

我說：「張總，先別著急，這次來我很有誠意，我專門為你申請了一名經驗豐富的售後人員，後面他就常駐在你的工廠。別家機器出故障才打電話找售後來維修，白白丟掉大塊時間。而我的售後就在現場，他不光能第一時間解決故障，而且還能天天幫你巡查機器，給你節省的時間全都可以算成錢。你看，你多花的那點錢，比起我幫你多賺的其實差太遠了，不信可以自己算！」

客戶一點都不傻，最後的結局自然是皆大歡喜。至於我，來之前當然就想過，多賺到的錢養一個售後綽綽有餘，這筆生意也很划算。所以說啊，與其讓別人給你出選擇題，不如你回敬一道題，帶著對方根本無法拒絕的條件。不要只是在「正」或「反」之間糾結，把思路打開，你可以贏得更多。

總結一下吧，普通人努力有三個誤區：

第一，考慮投資只關心收益，不分析風險；

第二，遇到對手只熱衷競爭，不在意合作；

第三，解決問題時只習慣選擇，不拓展思路。

好好想一下自己手頭上的事，有沒有在這三個誤區裡面？如果有，越早做改變越好。

「世界上最大的監獄是人的大腦，走不出自己的觀念，到哪裡都是囚徒。」每一個矇眼狂奔的人，都該時不時讀讀這句話，別讓自己的辛苦指向一個更加貧窮的結局。

競爭如此殘酷
年輕人是否還有出路

　　我寫過兩篇關於普通人逆襲的文章，後台馬上就有人來踢館。其中一篇提到了茶葉店小夥計阿定，他靠經營人脈轉型做微商，年入數百萬；還有一篇是寫公司櫃台小 M，她因為敢想敢闖肯動腦筋，得到 A 總提攜，花了八年做到大區經理。都是活生生的例子。

　　有人這樣說：「得了吧，你寫的這些人，不就是『倖存者偏差』的例子嗎？有什麼好學習的呢，成功又不能複製。」

　　我先囉唆幾句，什麼叫「倖存者偏差」。

　　二戰期間，英、美空軍發現倖存返航的轟炸機中機翼中彈的數量很多，而機身中彈的卻很少，按理說應該加固飛機的機翼。但一位統計學家指出並非如此，就是因為機翼中彈多還能飛回來，所以機翼中彈並沒有影響飛機返航。而返回的飛機中，機身中彈少，說明子彈打中機身對飛機的影響更大，導致飛機不能返航，所以更應該加固機身。

事實證明，統計學家是對的。人們只能看到「經過某種篩選」後的結果，因此，會不小心忽略掉被篩選掉的關鍵資訊。這就是「倖存者偏差」。

　　質疑我觀點的人，我理解他們的意思。比如，你寫這個成功的賣茶夥計，那麼還有那麼多默默無聞的賣茶夥計，你怎麼不說呢？你寫櫃台小妹敢想敢闖，飛黃騰達了，你怎麼不說還有那麼多同樣聰明、同樣努力的櫃台小妹，卻沒有同樣一帆風順，晉升快得似火箭呢？

　　光挑成功的人來寫，算不算「倖存者偏差」呢？

　　我想，與其擔心倖存者偏差，不如擔心「確定性思維」。坦白講，我非常理解這種想法，因為他們有他們的擔心。但是我清楚，這種想法背後是「確定性思維」在作祟。一句話，這種人總希望別人把路給他踏出來了，他才去走。

　　就拿我寫的這兩個「倖存者」來說，先說賣茶夥計阿定，我把跟他相識的經歷原原本本寫下來，分析了他發跡的三個原因──提供附加價值、建立信譽、複製成功。然後告訴你，你不需要也去賣茶，只要在你的工作中把這三點做到極致，也有機會走出一條不同於現狀的路。

　　再說那個櫃台小妹。當然不是每個當櫃台的都敢想敢做，都會得到賞識和升遷。我寫她是想告訴你，遇到難題看看別人怎麼思考、怎麼去做，不是說只要這樣做了，就一定會有個貴

人 A 總踩著七彩祥雲來提攜你，然後你跟著得道成仙。

唐末五代馮道的《天道》裡有句話，大家也經常說：「但行好事，莫問前程」。不管事情困難還是簡單，小 M 總是做好手頭的分內事，她也不知道有人在默默觀察自己。所以人家小 M 是——我只管搞定難題，莫問有人看到沒有。

職場文寫了多年，後台總有很多讀者的留言常讓我感到溫暖，我對他們也很熟悉。不是說我只聽得進去贊同的話，或者溢美之詞，我當然也希望看到不一樣的觀點，能從讀者身上學到些什麼。而當我知道我的分析和觀點已經對某個素昧平生的讀者有了一絲絲啟發，他能在生活和工作裡有一點之前沒有過的視角，並且從中受益，這就是我最感欣慰的時刻。這是作者和讀者之間妙不可言的緣分。

巴菲特的夥伴，著名投資家查理・蒙格經常引用一句話，這句話出自一本英國長篇小說《天路歷程》，裡面有位劍客說：「我的劍只傳給能夠揮舞它的人。」我很厚顏地模仿一句：「我的文章，也只寫給能夠讀懂它的人。」能讀懂它的人會在文章裡汲取養分，沿著文章的思路想明白許多道理。看不懂的人呢，習慣一邊看一邊吐槽，然後罵文章是垃圾，或者搬出「倖存者偏差」等來質疑。

每個人的人生都如此不同，哪裡有什麼定勢、一成不變的規律呢？即使人們常說「春天播種，秋天收穫」，但鬼知道夏

天會發生什麼？旱災、水災和蝗災都能讓說這話的人啪啪打臉。可是你能怎麼辦呢？你還是只能老老實實在春天播種，不然秋天一定會餓肚子。

去做，努力去做，未必會成功，但一定會有收穫

這個社會太嘈雜了，有無數人都在給你許諾，給你「確定性」，讓你以為萬無一失的道路就在眼前，邁上去就是金光大道，分分鐘成為人生贏家。所以才有那麼多遇到公司跑路的大爺大媽、被割的年輕韭菜，及背上高利貸、房子被抵走、上吊、跳樓的可憐之人。

「確定性思維」來自人性的弱點，很無奈。我不想利用你們的這個弱點。

我承認，如果你按照賣茶夥計阿定的思路做事情，或者仿照櫃台小妹的風格去做你手頭上的事，確實，大機率來看，你不能獲得他們那樣的成功。不過我想問，在這個過程中你難道沒有任何收穫嗎？

當然不是。你用心、用力去做手頭事情，親力親為，會獲得對事情本身更加深刻、更加本質的理解，也會獲得在知識、見識和能力素養上的成長。

經營之神稻盛和夫談起在京瓷公司創辦初期，一度因為一個訂單的工藝問題陷入困惑。有一次他在實驗室，不小心差點被

前輩留下的松香絆倒，一瞬間受到啟發，採用松香作為黏合劑，解決了工藝問題，在日本取得了該技術的突破。稻盛和夫把這種現象，稱為「現場有神靈」，即成功似乎是得到了神的啟示。

現場也許有神靈，也許沒有，但是不換身戰袍親自上場，你就永遠只是個看客。去做，去用心做，去邊學邊做，在我看來，這是有一天你終於獲得成功唯一可以走的路。

至於這條路在哪裡？你得自己去找。這條路能走多遠呢？取決於路，更取決於你。

機會永遠有，但絕不屬於那些只會質疑的人

如果你要問，這條路能走通嗎？社會競爭已經如此殘酷，年輕人到底還有沒有機會？我的答案是兩句話。

第一句話是：有的，當然有的。但第二句話是：並不是每個人都有。

你記住了，順應時代趨勢可以，但不要以為時代的變遷會自然而然帶來個人的躍遷。因為任何時代都有人跌落底層，也有人攀爬成功成為「倖存者」。跌落底層的可能是你，倖存者也可能是你。

我還是用上面那個「倖存者偏差」的轟炸機來舉例說明吧。如果你們是一架架出征的轟炸機，少數人會滿身彈孔活著回來，成為「倖存者」；有些人沒有回來，但若還有一口氣在，你就還

有機會，也獲得了極為寶貴的經驗。最糟糕的是永遠停在停機坪的那些人，他們總是在不停地問、不停地擔心、不停地質疑，直到上空敵機密佈，轟鳴震天，而自己已不再有起飛的機會。

真正厲害的員工
是讓主管又愛又怕

　　大家都知道，職場上最重要的人際關係是你和你直屬主管的關係。直屬主管決定你的工作內容、工作強度、你的薪酬等，當然還有升遷。那麼你要問了，做為一個員工，該怎麼看待直屬主管呢？是老師？是監工？是朋友？還是像某些人說的「老闆的走狗」？

　　我覺得，如何看待直屬主管，直接決定你在職場上能走多遠。

　　在多年職場生涯中，我帶過不止一個團隊，每次新人加入我都會請吃飯，有一句話我一定會在這頓飯局上對新來的說：「別把我當主管，要把我當作你的資源！」這句話，就是我如何看待直屬主管的答案。

　　只可惜，我每次說得信誓旦旦，聽的人總是將信將疑。誰知有那麼一次，我終於「禍從口出」。有一個叫金亮的小夥子居然把這句話完全聽進去了。他也隨之成為我管理生涯的一場

噩夢。

把主管當主管，更要把主管當作資源

記得那個夏天很熱。早上，我主持開完專案組晨會，還沒來得及處理郵件就被老闆叫去陪客戶；中午我簡單吃了飯，開完兩個會，匆匆叫上部門員工坐上公司的車，去往市區外一個工地。工地很新，拉來的鐵皮辦公室裡連空調都沒來得及裝，我們脫掉早上的西裝外套，和工程部門的人汗流浹背地開了兩個小時會。

晚上九點，我終於又熱又累又餓地回到公司，心想稍微休整一下再回復已經擠爆郵箱的郵件吧。一掏手機，七八個未接來電來自同一個人──轉正沒多久的新員工金亮。我這才想起來約了金亮今天下午聽他的工作彙報，回來路上我在車裡一直睡覺，手機調了靜音。

我剛坐穩，有人敲門，推門進來正是他。小夥子笑嘻嘻看著我，一臉不懷好意。

「金亮，改天吧！」

「主管，您太忙了，下回再約又不知道什麼時候啦。」

「下回下回，你看我忙一天了，郵件都還沒來得及處理呢！」

「主管，不著急，我等您回完郵件。您不是說了嗎，您是

我的『資源』嘛！」

我歎口氣，仰天長笑，笑聲裡全是無奈和絕望，還有那麼一點點欣賞。

說實在的，我知道跟下屬溝通，必須給足時間才能聊出點真東西來。但平時我真的太忙了，下屬彙報時間一般也就半小時，要嘛被其他事不停打斷，要嘛簡單幾句話，匆匆結束。

那晚，我們在公司附近的燒烤攤上，就著啤酒，聊了兩個多小時。

那個得寸進尺的下屬

好像就是從那天起，金亮就開始得寸進尺。比如有時候吃午飯，我在食堂裡找個角落本想一個人靜一會兒，他就伺機端盤子坐過來，有一搭沒一搭地聊工作，聊到緊要處，還會請教我的建議。

他負責的客戶來公司考察，通常我只出席午宴就行，但他非要我參加他下午半天的產品宣講會，還提前幾天就跟我確認時間。別的員工呢，快開始才通知，結果常和我既有行程衝突，接待效果比金亮差遠了。

最狠的是有一次我加班太晚，這孩子居然端著兩個便當就進來了。我一看，嘿，沒法兒推辭，我也不想推辭啊。結果吃完，人家也沒客氣，說請我給他第二天的簡報提提意見。

便當的油漬還沒來得及擦掉呢，我完全沒法拒絕啊，唉！我心裡那個悔！

我經常遠遠看見金亮走過來，就冒出逃跑的心思，雖然培養員工是分內事，可我不是機器，也需要休息吧。我好想找個地方躲起來！

金亮的成長簡直肉眼可見，第一年，他就拿了公司的優秀新員工獎。可能是他在台上領獎時，那個不懷好意的微笑太顯眼，第二年，他被一個跟我相熟的公司主管借調走了。我心想你就拿去用吧，這滋味兒，這酸楚，誰用誰知道。

不過有時候，聽到他在別的部門如何可靠，表現如何亮眼時，我會由衷感到高興，也覺得像金亮這樣的職場人是不是太少了？

「壓榨」主管的三個好處

我感覺很多職場人心態都是多一事不如少一事，一年有三百六十五天不想工作，天天等著別人在後面踢屁股，然後一邊慢騰騰挪到崗位上，一邊抱怨人家心狠。

在此我想奉勸大家：誰更狠這個事，跟職位沒關係。職場上誰更主動積極，誰就有主動權，誰就更狠，這才是事實。所以，別等著主管來找你，你要去找他，你要主動狠起來，狠到主管對你又愛又怕。他愛的是你的工作不用他操心，交辦的事

兒不怕掉地上；怕的是你成長的欲望無邊無際，而他，有這個責任花時間滿足你。

愛你主動，又怕你太主動。所以，不要怕主管壓榨，你還可以反過來壓榨主管，把主管當作「資源」，使勁用、拚命用。

首先，這有助於完善你的工作。你的頂頭上司，大概是除了你爸媽以外最願意支持你的人。不同的是，爸媽有心無力，主管有心有力但不一定有時間。因為你的工作是他工作的一部分，所以只要你真的竭盡全力，他一定不忍心不幫你。他給的一點點提示對你工作都是寶貴指點，什麼叫手把手，什麼叫傳幫帶，這就是。你也會使勁成長，拚命成長，就像金亮那樣。

其次，這有助於提升你的思路和格局。新人做事，容易鑽進細節裡出不來。我第一次帶團隊就跟員工相處得不好，同樣一件事，我說往東有人非要往西，還一條一條給我講理由，氣得我頭疼。我給我當年的主管打電話求助，他只說了一句話我就恍然大悟：「當管理者，管人比管事更重要。」你看，大家早就不一起共事了，我還可以壓榨他，讓自己的思路得到開闊，格局得到提升。

最後，這還能放大你的行業影響和人脈。主管也是人，是人就會老，老了就不能光靠自己一個人拚。所以，幫助自己信得過的新人，擴大自己的行業影響和延續人脈，是老傢伙們最喜歡做的事。你人又真誠，做事又主動，成長還夠快，試問哪

個主管不喜歡這樣的員工呢？哪個主管會吝嗇給你機會呢？

我再說說金亮的去向。在公司待不到三年，金亮就跳槽走了，據說換了行業，去了一家上市公司，跟我們的聯繫慢慢也少了。

幾年前我陪朋友去外地看專案，茶樓裡他和業主聊得眉飛色舞，我刷著手機無聊得要死。正前方大螢幕正在播放當地電視台的新聞，「尊敬的各位主管，各位來賓——」聽到熟悉的「主管」二字的口音，我猛地抬頭，「啊——」一聲叫了出來。電視上一家上市集團公司在當地的子公司總經理正宣布投資數億元的專案，台上發言的傢伙一臉「不懷好意」地微笑著，不是金亮是誰！

朋友問：「怎麼，你認識？」我笑了笑：「是啊，一起共過事，這哥們特別厲害，看到他我都怕！」

保持頭腦開放
前門不通走後門

離開華為這麼久，我時常會想，在那裡學到的最大的本事究竟是什麼呢？是做事實幹？態度嚴謹？是對大局的把握？是對細節的完美追求？還是一招招前輩們總結的寶貴經驗和套路？

想來想去似乎都不是，這些都是有人教、有地方學的。我想，只有那些沒人教、靠自己感悟嘗試的，才是最有價值的吧。比如，我親身經歷的「走後門」。

我在華為的一次「走後門」經歷

那一年，我即將結束一年多的培訓實習下派海外市場，感覺人生意氣風發，直到英語考試兩次不及格被壓在地上狠狠摩擦。哪怕別的技能都考高分，只要英語不及格，我就拿不到去海外的資格。

部門負責統一辦理簽證的同事也看著我的成績單束手無策。

海外項目吃緊，一線兄弟天天都在喊著「加人加人」，我去不了海外都不敢跟主管解釋是因為英語太差。我天天著急，心想第三次要再考不過，會不會被開除啊？

有一天吃過午飯，和同事出去遛了一圈，路過華電大樓時我隨口一問：「這華電一樓還挺大，裡面哪個部門辦公啊？」同事隨口一答：「聽說是簽證科」。

有個詞叫「電光石火」，我一拍腦袋：「與其一次次考不過最後被開掉（後來才知道不至於），還不如去『走個後門』！」

三天後的下午，我拿著護照走進簽證科大廳，幾個小姑娘坐在裡面忙得人仰馬翻。我幾句話說明來意，一個小姑娘問我：「咦，你們的護照不是該有人統一送來嗎？」

我搬出早就準備的台詞：「哦，那個人在休假，我這邊時間來不及了，你就幫我處理一下吧，不然這麼長時間出不去，再過幾天我肯定被一線投訴了。」說完笑著做了個鬼臉。

「哦！那……你把這個表填了，跟護照一起放這兒吧，差不多兩周你再來問問，估計該辦好了。」「好的，謝謝你呀。」

真的嗎？這是真的嗎？我一邊裝作若無其事地往外走，一邊興奮地直搓手。困擾我兩個多月的出國問題就被我這麼幾分鐘的功夫給搞定了。主管才不管你簽證怎麼來的呢，幾周之後，我就坐上了離開中國的飛機。

這件事發生在我職業生涯的開始，像一堂活生生的實踐課，它告訴我──沒有什麼山窮水盡，也不要輕易放棄，目標在那裡，就得千方百計自己去爭取，自己去找出後門。

至於後來，剛出去的前三個月，我白天找本地員工用英語聊天聊到口乾舌燥，晚上學習英文到深夜才把英語惡補回來，勉強可以應付工作。出去不到半年，我基本可以無障礙交流。畢竟，「後門」可以走，但「學費」不交不行。

在華為，到處都是走後門改變的人生

華為這樣的公司真的是「英雄不怕出身低」，你在裡面待久了，會發現「走後門」的現象比比皆是。我聽到過最離奇的是技術支持部門的一位大主管。他之前的專業居然是跟通訊八竿子打不著的──獸醫。

很多年前，默默無聞的華為還在野蠻生長，「農村包圍城市」，一名年輕獸醫從農村家裡走了幾十里山路來鎮上找他親戚──電信局的一名普通職工。深夜，他去電信局員工宿舍找不著人，就去了機房，正巧幾個華為的技術服務人員正在處理故障。親戚也在忙活，沒閒功夫管他。他就好奇問了問，「這麼晚還上班啊，賺的不少吧？」技術服務人員吐槽說能有幾個錢，才多少多少云云。

言者無心，聽者崩潰。這個數字比起鄉下獸醫的收入可真

是多了好多好多倍。他直接傻了，連找親戚什麼事也忘了。等人家幹完活，他就拉著人家問前問後，非要搞清楚怎麼才能賺這麼多錢。

後來就是一個勵志故事，獸醫埋頭苦學通訊技術，加上親戚的一點面子進了華為公司，隨著公司一路擴張，自己慢慢成長為一方大員。

不知道這個真實故事，你認為是傳奇還是運氣呢？借用個時髦詞，我認為它是「逆天改命」。

我們回到那個遙遠的深夜，在無數個正常的人生裡，年輕獸醫蹲在技術服務人員身邊，看著人家令人眼花繚亂的電腦操作。要嘛心裡讚歎一聲，不敢再打擾；要嘛覺得他們很厲害，跟自己無關。

他的人生也會在時間的河道裡，順從地、緩緩地流向一個農村獸醫該有的宿命。然而，他偏偏向命運要了一道「後門」來走，站起身子縱身一跳，命運從此改道，匯入激流澎湃的大江大河。

「走後門」需要保持極度頭腦開放

看完這兩個故事，你怎麼想？依然是「我的生活日復一日，沒盼頭沒希望」，還是「這不過是倖存者偏差罷了，與我無關」？

不，不是這樣的。

橋水基金的創始人瑞‧達利歐在他風靡全球投資圈的《原則：生活和工作》書中極力推薦一個觀點——保持極度的頭腦開放。他說，你得戰勝自我意識和思維盲點，才能成為一個擁有「極度頭腦開放」的人。

有時候我們遇到事情，不是尋求最優方案，而是不知不覺在證明「我是對的」。這種對原有想法的保護就是自我意識。只有懷疑之前的自己，才能突破自我意識尋找到新的出路。比如，我就是放棄了那個「別試了，肯定行不通」的想法，突破對原有流程的迷信，才想到越過審核部門直接去找簽證科，最後輕易解決了問題。

思維盲點，則是指你常常看不到，或者理解有誤的地方，你卻並不一定知道。

比如，年輕獸醫對通訊產生興趣後，消除了「跨行業好困難，根本不可能」的思維盲點，成就了另外一個自己。

自我意識和思維盲點會讓你以為眼前的道路就是唯一可走的那條路。之所以有那麼多人心酸地抱怨「我真的已經拚盡全力了啊」，是因為他們總想靠雙手爬上光溜溜的圍牆，努力再努力，卻根本不去留意拐角就放著一架梯子。

而這正是我在華為學到的——永遠別放棄希望，隨時保持頭腦開放，總是好奇，總在嘗試，你搞不好會發現另一道後門。

門背後的風景，常常美得出乎意料。

chapter 3

修煉職場軟技能，放大你的硬實力

如何挑選好工作

很多職場人經常為自己拚盡全力卻發展緩慢的職業路徑陷入深深的焦慮，他們不明白究竟是什麼使自己與同齡人逐漸拉開差距，不明白為什麼自己做出的選擇事後看往往是錯誤的那個。

比如，這個經典的職場問題「工作要選高薪的，還是選喜歡的」，我猜大多數職場人終其一生也沒把這個問題想明白。這是因為他們沒有把問題的底層邏輯搞懂，所以無論怎麼選都會錯，無論怎麼選，自己的職業路徑都會越走越窄。最後從事的工作既無高薪，也不喜歡。

首先我想問，你怎麼看這個問題？在你的眼中，問題也許是這樣的：（見下頁圖一）

你只有兩個選項：工作一和工作二。那麼，是選「喜歡但是薪酬低」的工作一，還是「薪酬高但是不喜歡」的工作二呢？就像去超市買巧克力，一盒好吃但太貴，另一盒口味一般但是打折多，買哪盒？

做為職場老司機，我想告訴你──不能這樣看問題。

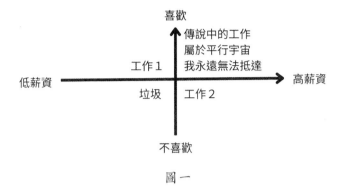

圖一

　　找工作就像買房子或者結婚，可不像巧克力吃完就沒了，因為你做完決定以後，是要長期持有的，至少是在相當長時間內持有的，而且選擇一份工作，不僅僅是選擇這份工作本身，更多的是用你的思考方式去選擇一系列的工作組合。這些工作組合，一步步決定了你的職場生涯。

　　現實遠遠比模型複雜，我簡化一下，大概是這樣的。（見下頁圖二）

　　從圖上可以看出，喜歡程度、薪酬高低，甚至工作本身都是會變的，任何一份工作都無法完全決定你的職場高度。工作組合一看起來更普遍一些，可你也許會想，我當然是選擇現在低薪但喜歡、以後高薪更喜歡的工作組合三了。

　　問題就在這裡，站在今天的時間節點，你不會看到每份工作在未來會呈現怎樣的收入軌跡。收入被無數變數影響著，行

業、職位、努力程度、甚至運氣都會左右收入的變化。搞不好，你選的是工作組合二呢！

那麼，應該怎麼看待自己的「喜歡」呢？

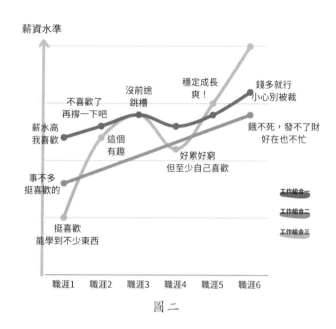

圖二

只有極少數人從一開始就知道自己喜歡什麼

從一開始就知道自己喜歡什麼的人，真的不多，李安算一個。

一九八四年，三十歲的李安剛從紐約大學電影研究所畢業，畢業作品《分界線》在學校影展中獲最佳影片獎和最佳導演獎。

他一定想不到，自己下一個生涯亮點在整整十年之後。

中間十年裡，除了在家裡看書、寫劇本、煮飯、做家務和接送小孩，他什麼事也沒有幹成。直到一九九五年，憑藉電影《理性與感性》獲得奧斯卡金像獎七項提名，李安才終於進入好萊塢 A 級導演行列，從此開啟了國際導演之路。

取得這樣的成功，你覺得就僅僅是因為他對電影的喜歡和堅持嗎？不是的，你別忘了在他身後，有一個自始至終欣賞他、支持他的學霸太太——伊利諾大學博士畢業的林惠嘉。是林惠嘉賺錢養家，李安才不需要放棄自己喜歡但無薪水的電影事業。

多數的我們，常常處於這樣的境地——要嘛什麼都不喜歡，要嘛好像什麼都喜歡一點。看到別人畫插畫很好看，於是你喜歡上了畫畫；看人家烘焙覺得有意思，於是又喜歡上了做麵包；刷了兩集《非常律師》就發誓這輩子非做律師不可了。這些，我都稱之為「偽喜歡」。

選擇工作時的「偽喜歡」有點像戀愛時的「偽愛情」。偽裝成愛情的，其實可能是感激、是同情、是崇拜、是無聊、是新鮮感，甚至是性，都不是真正的喜歡。

那麼，我們大多數人怎樣才能找到真正喜歡的工作呢？如果你對喜歡的工作的理解是一碰到就覺得自己是「為之而生」的，那麼，你真的是想多了。我特別欣賞經營之神稻盛和夫關於工作的一句話——我通過自己的努力愛上了工作。你要知道，

沒有一項有價值的工作不是充滿了千辛萬苦的，沿途還要遇到嘲笑和不解。包括前面提到的李安，都曾經打算放棄電影改學計算機謀生，是被林惠嘉發現後喝斥道「你的長處就是拍電影，學電腦的人那麼多，又不差你李安一個！」我們才沒有失去一位傑出的華人導演。

注意，我既不是鼓吹所謂的「幹一行，愛一行」，也不是要你不停地換、不停地試，而是說，任何一份工作，你如果投入了足夠多的努力，承受了足夠多的挫折，依然可以在其中發掘趣味和成就，才算得上真正的喜歡。既然如此，多拿點薪水有什麼不好呢？

喜歡和擅長之間，還有十萬里路要走

因為寫文章，我被拉進過不止一個寫作群，見證了太多人相似得出奇的寫作經歷。一開始，每個人都興致勃勃的，「我喜歡寫作」、「哈哈，很快就可以接廣告掙錢啦」，然後開了自己的公眾號等著別人來看。等寫到第五篇、第十篇，差不多第二十篇時，閱讀量還是最多只有五百位，下面是一堆熟人的留言。這時，基本上 95％的人會逐漸放棄。

人的喜歡是需要正向回饋的，錢當然是很好的回饋。但是做為一個普通人，一開始就先別去想什麼錢不錢的事。如果你有一項愛好，比如畫畫，比如踢球，比如跳舞，你能堅持下來，

是因為能靠這個賺到錢嗎？顯然不是。畫畫是靠你辛苦構圖，然後慢慢地把一點點想法變成畫紙上越來越精美的人物風景；踢球是靠你一個個進球，一次次成功防守和身體分泌的多巴胺；跳舞是靠從練舞室大鏡子裡面，你發現自己的動作越來越有力、順暢，氣質越來越好。

有了這些正向回饋，別說不賺錢了，如果有人願意花錢讓你放棄自己的愛好，你都未必同意。這個時候，你的喜歡才算得上真正上路。有一天，你才可能抵達「擅長」，而「擅長」才能帶來高薪酬。

舉個例子，我每次和別人聊起來，都會特別感慨。做為美國職業籃球聯賽最強大的球員，詹姆斯曾經在球館裡留下過兩道堪稱恐怖的鞋印，這是他龐大的身軀在運球高速行進中突然急停變向造成的。力量、爆發、靈活度，每一項都達到極限的背後，是強度殘酷的訓練給他帶來的腳趾永久變形。

詹姆斯對自己職業的喜歡，不是一般籃球愛好者可以理解的，喜歡和擅長之間隔著十萬八千里，是他們一步步用汗水、淚水和血水丈量出來的。

那麼你呢？你想要高薪，先別管喜不喜歡，可不可以也耐心地拚盡全力、讓自己擅長手裡的這份工作、把你的工作成果變成公司裡的頂尖水準、把自己變成行業裡有名有姓的人呢？

大多數時候，人們是因為擅長所以喜歡。

從因為擅長所以喜歡，到因為喜歡所以擅長

如果能因為擅長，慢慢喜歡、愛上自己的工作，對於一個普通人而言已經非常幸運了。

可是，我們不得不承認，總有那麼一些人，好像做什麼都可以做得很好。只要他們願意，只要是喜歡的、感興趣的事，他們可以迅速擅長。比如，雷軍在創立小米之前，在網路世界已經做到了金山軟體的 CEO，並主導了金山軟體的成功 IPO（首次公開募股），早早實現了財富自由。更早一些，年輕的雷軍在兩年內就修完了武漢大學電腦系的所有學分，甚至提前完成了大學的畢業設計。

比如，有個叫張小龍的中國人，在歐洲職業高爾夫球巡迴賽——登喜路林克斯錦標賽中，和職業高爾夫球手配對，贏得了職業－業餘配對賽冠軍。他的另一個身份是「微信之父」。

為什麼有些人，無論做什麼都能成功？二○○一年的諾貝爾經濟學獎頒發給了麥可·史彭斯（Michael Spence）等三位美國經濟學家，他們在二十世紀七○年代首次提出了「資訊不對稱理論」。麥可·史彭斯在他的論文裡提到了「資訊不對稱理論」在雇傭市場的應用，並指出一個人在學校的表現和職業發展之間的關係是正相關的：通常而言，在學校表現越好的學生，職業發展就更加順利，也更加容易成功。

《腦中的大象》（The Elephant in the Brain）的作者，暢銷書作家凱文・希姆勒（Kevin Simler）是這樣解釋的：一個人能在學校取得不錯的成績，不僅證明他的智力足夠高，更證明在高強度壓力下，他能夠快速掌握一大堆概念、公式和演算法，滿足考試的需要。他在學校學的東西可能會過時，但是，他收穫的才智、韌性、求知欲、好奇心和時間管理的能力，在職場上同樣稀缺而寶貴。

　我想為凱文・希姆勒的解釋做一個結束語。一個人在職場生涯中曾經取得過成功，往前看，是因為他擁有上述能取得成功的性格和品格，往後看，他將收穫看待世界的更為成熟、更接近本質的認知方式；他將擁有更加系統的思考路徑，並能學會在一團亂麻中找到破題的切入點；他將提煉出適用自己的掌握任何一項技能、接管任何一門陌生生意最快捷的方法；在切換到新領域之後，這些稟賦都可以順利移植，構成我們常說的「底層思維」。這才是他們無論做什麼都能成功的奧秘。

　而你之所以糾結選擇高薪不喜歡，還是低薪喜歡的工作，是因為無法直接對比兩份工作，你只好從有限的兩個維度「薪水」和「喜好」去判斷。就像你選擇另一半時，只參考「好不好看」和「有沒有錢」一樣。

　你只有在思維變得多元、對人的認知更加豐滿時，才能看到對方身上那些別人看不到的點，你才會知道面前這個人是不

是你的真命天子。

　　那麼職場上，與其考慮選擇高薪不喜歡還是低薪卻喜歡的工作，不如去思考另一個問題——這兩份工作，哪份可以幫你更快地完成上述品格、性格和底層思維的形成？

　　只要回答好這個問題，無論你選擇哪個，我相信總有一天，你會尋找到那個「高薪又喜歡」的工作，而且完全可以勝任。這才是將高薪和喜歡統一起來的唯一道路。要是問題本身就問錯了，你將永遠無法得到正確答案。

如何識別壞公司

大多數人跳槽的原因都是太累了，錢太少了，主管太渣，公司人浮於事，馬屁精太多……等，說句不客氣的，這些都是無病呻吟。拜託，一家公司怎麼可能沒有問題？

有個說法是把公司比喻成人體，我覺得挺有道理。什麼意思呢？就是人體本來就是不完美的，體內有各種各樣的病毒、細菌、毒素和隱患等很糟糕的東西，但是你怎麼還沒死呢？因為你還在攝入營養，新陳代謝，你還在成長。

公司也一樣。一家公司只要能不停地成長，那很多問題先不解決，放那兒也沒關係，大家照樣漲薪水發獎金。公司什麼時候發展停滯、問題都暴露出來，龐然大物就慢慢倒下了。就跟人體開始老化一樣，各種疾病、甚至癌症也都冒出來了，人離死也就不遠了。這就是為什麼說，公司一有問題你就跳槽，很不聰明。

那有人說，公司都開始拖欠薪水了，都不繳納健保了，這種情況需要跳槽嗎？其實這個時候跳槽已經來不及了。這樣的

公司通常早就風雨飄搖了，你那不叫跳槽，叫提前失業。

以上這些，我覺得只能叫作「被動跳槽」。被公司渣了，自己卻依依不捨，走一步三回頭。真正厲害的跳槽都是員工主動跳的，在它渣你之前你要先渣它。我從來沒被裁過，都是我主動要走，公司死活留不住，老闆和老闆娘哭著喊著罵我渣男。

這裡和大家分享三點。平時留意這三點的人很少，具備這三點的公司，看起來很正常，但只要有一個點出現，說明風險正在醞釀中。風險不是一定會有，但是你最好早做準備，萬一風險成為現實，就可以從容跳槽，不像別的同事那樣呼天搶地的。今天渣公司，總好過明天被公司渣。

第一點：多元化發展

之前做投資的時候，每次聽對方老闆說要多元化發展時，我就眉頭一皺。一家公司能賺錢是因為你提供給社會的東西有價值。不管是什麼價值，這價值一般人給不了，所以你能賺錢。那為什麼要多元化發展呢？可能因為主業不賺錢了嘛！

很多老闆喜歡把多元化發展包裝得特別有情懷，做為員工大家不要上當，要意識到公司主業可能出問題了，公司準備轉型了，要提前想我該怎麼辦。

還有一種可能，就是公司主業發展得非常好，然後老闆膨脹了，覺得自己幹什麼都行，然後步伐邁太大，很快受傷了。

不被社會毒打幾次，有些老闆不會明白還是老本行比較香。

那有沒有多元化發展做得好的呢？有，一種是新業務本身和主業存在相關性。就像現在很多傳統的車企造新能源車，這些車企對於細分領域消費者的理解肯定比你一個蓋房子、做手機的更深刻吧。當然，我沒有不看好恒大和小米的意思，特別是小米，畢竟雷軍之前從純軟體的網際網路跳到手機行業，是成功過的。

還有一種，比如像騰訊，養了 N 個團隊讓團隊去衝，做好的產品拿到市場上去廝殺。活下來之前，公司不投入太多資源。新業務、新團隊自己玩，玩起來了成為「第二條曲線」，非常好；玩不起來，主業也不需要向新業務大量輸血，微信就是這麼發展起來的。

總之，公司如果要多元化發展，那你務必小心。發展得好，就又是一條好漢；發展得不好，就十八年後又是一條好漢。

第二點：銷售一大堆，研發沒人也沒錢

不管你是已經在公司上班，還是準備去應聘，我建議你一定搞清楚這家公司在研發上的投入如何。為什麼呢？因為研發投入代表了公司對未來的信心。只有公司老闆認為——我把產品做得功能更強大，效率更高，或者更省電，我就一定可以賣得更好、更掙錢。他才能下得了決心投錢搞研發。捨得投錢，

研發更先進的產品，公司才可能領先對手，贏得未來更豐厚的利潤。

很多人覺得銷售厲害最重要。做為一個老銷售，我只想說銷售越厲害，越能證明這家公司的產品可能不怎麼樣。

短期來看，一家公司的競爭力看銷售；長期來看，競爭力還是看研發。大家要留意你們公司研發投入占總投入的比例。同一個行業，這個比例應該差不多才對，如果你們公司的這個比例偏小，那便能說明問題。當然，如果你不知道你們公司每年在研發上投入多少也沒關係，查一下公司員工的學歷組成就可以了。為什麼很多公司喜歡把公司有多少個博士、多少個碩士介紹給別人呢？這就是在表明，我們是做長久生意的。我們花高薪請高學歷人才，是為了加強技術品管、產品更新，我們要持續開發新產品，滿足新需求。一句話，我們公司對未來有信心！

反過來，有些公司研發沒幾個人，銷售卻一大堆，要嘛說明行業的技術含量太低，那產品也賣不出高價錢；要嘛說明老闆已經不準備久幹了，趕緊把東西賣完拉倒。

第三點：年輕人太少了

你也許會問，這跟一家公司值不值得待下去有什麼關係？太有關係了。

先說為什麼一家公司吸引不了年輕人？一般來說原因有這幾個。第一個原因是行業平均利潤率太低，給不起高薪。人家工作是為了賺錢，這麼低的薪水不如轉行算了，反正沒什麼沉沒成本。中年人不一樣，相對來說，他們更在乎穩定。

第二個原因是公司發展滯後，老人們都把坑占滿了，年輕人看不到希望，而且也沒有新的地盤讓年輕人去打。

第三個原因是工作太不酷了，找不到意義。這一點在現在社會越來越重要了。

什麼叫意義？公司存在的意義，我們通常叫「願景」。就是因為有你的存在，世界變得更不一樣了、更加美好了。飛往火星和社區團購可能都能賺錢，但顯然前者比後者高級得多、酷得多、有意義得多。有一天年輕人老了，他會拍著胸脯對後輩們說：「要不是我當年熬夜寫程式，人類殖民火星的時間還得往後推半年呢！」而不是說「我當年寫程式，逼得多少小商小販走投無路啊！」

特別的是，越優秀的年輕人會越在乎工作的意義，他們更希望把青春交給那個帶他們幹一番轟轟烈烈事業的老闆。

總之，無論什麼原因，一家公司如果年輕人比例太低，那它就沒有活力，這種公司是沒有未來的。它不一定第二天就倒閉，只是跟溫水煮青蛙一樣，一幫老傢伙在裡面自嗨，嗨著嗨著哪天就嗨不動了。

不光公司，所有組織都是，得年輕人者得天下。

錢很重要，社會地位也很重要。但是，「沒有一個男孩小時候的夢想是買一間房子。」越厲害的組織，越有生命力的組織，才越會把「意義」這種看似虛無縹緲的東西看得很重。

如何找到
高薪的工作

　　最近有幾個三十歲左右的粉絲諮詢我找工作的事，那麼就來聊聊三十歲左右的人找工作，特別是找高薪工作時非常重要、非常有用但你不一定想得到的重點。

二十多歲的你，就是三十歲的你的原生家庭

　　二〇二〇年末，有個新聞在網上很火，上市公司遊族網路的董事長林奇被人投毒，三十九歲遇害。我花了點時間仔細研究了這個林奇，他是溫州的一個富二代。父親從事過製造業，還做過煤礦生意，有一次他還跟他父親一起下井參觀過。大學畢業後，林奇找了份工作，但很快辭職創業，前兩次創業是做軟體工作，都失敗了，先後虧了百餘萬。遊族網路是他第三次創業的成果，因為一款遊戲《三十六計》大紅大紫，林奇三十二歲時以梅花傘業借殼上市，身家上億，成為當時中國境內普通股票中最年輕的董事長。

所以，與其說林奇敢打敢拚，不如說他背後的家庭給了他打拚的底氣。

我身邊有很多中產朋友，有時候聚會大家會討論孩子教育，討論家庭對孩子的支持。我總是跟他們講，任何時代都有無數商業機會，但是你老了，你不一定懂，你給孩子商業薰陶，不是不對，是有點虛。支援孩子最好的方式是給夠他們錢，讓他們不要因為生計而捨不得將錢投入到學習成長。萬一哪天他不想打工了，要創業，你能給出真金白銀的支持，那是最好了。

為什麼呢？年輕人想做點事，最怕的不是沒機會沒衝勁，而是不敢輸。因為要打工養活自己，他輸不起。更別說有些家庭還要孩子盡快賺錢來反哺。

這裡不是想討論原生家庭，也不是討論創業，而是你有沒有想過，普通孩子二十來歲進入社會，爸媽對你的影響可能已經非常小了——不管是正面支持，還是負面阻礙。到了三十多歲你會發現，哦，原來二十多歲的那個你就是現在自己的原生家庭。

那麼，二十來歲的你最應該給三十多歲的你，什麼樣的支持？錢，足夠多的錢。足夠是多少？如果要我說，最好可以支撐兩年不上班。

不是說有了錢，你就可以拿去創業，當然創業也不是不可以，而是說如果你沒錢，每次遇到裁員也好，公司破產也好，

你就不得不匆匆忙忙地投入新工作，要不然交不起房貸房租水電瓦斯費。可是萬一這份新工作上升空間有限呢？萬一新公司很糟糕，但表面看不出來呢？

有了錢，你就可以跳槽再選擇。錢是人的膽，你有了錢，就有了犯錯的底氣，就敢試錯，就越容易找到有後勁的工作。林奇一次創業失敗不影響他東山再起，也是一個道理。這也是我經常在文章裡批評消費主義的原因。

你吃吃喝喝當然沒什麼問題，談個戀愛為了約會花錢也是人之常情。但是你若一直存不了錢，就只能被現在的工作拴住了。誰能保證手頭工作真的可以做一輩子呢？就是正常年份也不敢，更別說現在社會，口袋裡沒錢就是裸泳。

年輕意味著有資本尋找興趣

接著再聊聊興趣。你不一定知道自己喜歡什麼，但是一般來講，你總知道自己不喜歡什麼吧？

我還是挺幸運的，很早就知道自己不喜歡什麼了。我還在讀研的時候，有一天正在實驗室看小說《三體》的網上連載——對，我是這本書最早的讀者之一，當時它還沒火——這時候，一位師兄轉過身來對我說：「來，你看看，這段程式寫得多美。」

坦白講我當時太驚訝了，我費半天勁才能搞明白這段程式到底是什麼意思，而人家居然可以看出美感。

「技術這條路該是走到頭了吧？」我對自己說。這也是後來哪怕我拿了工科的碩士文憑，也義無反顧地做起了銷售的原因。但是絕大多數人，未必有我這麼清醒。

　　我工作這麼多年，做專案，帶團隊，時不時招聘和解雇員工，發現大部分人在二十歲和三十歲的時候喜不喜歡一份工作，原因其實是不一樣的。人在二十歲時說喜歡某項工作，也許是一時衝動，也許只是為了逃避（包括去讀研），他不一定知道自己喜不喜歡。但是如果到了三十歲，他說他喜歡，那一般就是真喜歡，說不喜歡，那就是真的不喜歡了。

　　任何一個工作超過十年的人，應該有個共識──市面上年薪不超過百萬的工作，其實多數通過培訓都能勝任。但是你想成為頂尖的頭，想拿到這個崗位最高的薪酬，就要把工作做到極致，還得自己喜歡才行。你一邊做一邊想著：「這工作錢多又有成就感，就是它了！」但我見過太多人，都三十多歲了，天天只會說：「唉！我不知道自己究竟喜歡什麼。」

　　工作嘛，還是要點熱情，你耍這種冷淡風有什麼用呢？

　　所以，我總是勸二十多歲的小夥伴，不要怕跳槽，你多跳槽甚至多換行都沒關係，因為興趣這件事，你得沉浸進去才能知道。如果三十多歲還不去做喜歡的工作，四十多歲就更難了，最後你只能拿著微薄的退休金，回憶自己厭惡了四十年的職場生涯，這一點也不美好。

說到底，賺夠錢是第一位的。口袋裡有錢，你可以換別的工作再試；口袋裡沒錢不敢跳，只好做自己不喜歡的工作。三十多歲的你每天上班像上戰場，還做不出成績，收入也上不去，那不是二十多歲的你自找的嗎？

要從二十歲的單槍匹馬，到三十歲的朋友滿天下

我們再聊聊找工作的方式。不少三十多歲的人找工作也跟二十多歲的小夥子一樣，喜歡在網上投簡歷。我不是說投簡歷不行，而是還有更好的辦法。

我有個華為前同事，這位仁兄離職後回了老家，在當地國企找了份閒差，沒過幾年家裡出了變故，手頭沒錢了。他給我打了電話，我說：「來我這兒吧，你可以來做我的下屬，薪水也還不錯，但是我們不在同一個城市，你當初辭職就是為了和家人團聚，所以你能接受嗎？」他想了想，說算了。

其實呢，有幾個當地的老同學找他，大家一起接案自己做，因為他在原來的公司也做過技術。但有個問題，他那個地方太小了，在外面接案子很容易讓單位的人知道，搞不好鐵飯碗都會丟掉，怎麼辦呢？

我說，你不妨多打幾個電話，咱們那幫老同事，好多人都換行了，說不定還有機會呢？結果他打了一圈電話，還真找到機會了。我們另外一個同事離開華為後，從講師做起，慢慢做

起了自己的培訓機構，專門給一些企業講執行力、項目運作這些東西，做得還不錯，也正缺人手。正好講師不用坐辦公室，他有課來就飛過去，講完課再飛回來。

最後，我這個哥們兒國企的鐵飯碗端著，偶爾出差講課賺點外快，比以前滋潤多了。

所以說，三十歲的打工人，你過去這十多年積攢的，不光是錢、知識技能，還有你的人脈。我常說人一定要善待同事，善待你的上下級，因為哪天你要找新工作甚至換行，目標行業是什麼情況，收入到手能有多少，你都不清楚，有信得過的朋友幫忙介紹，比你草率入行好太多了。而且你也不用擔心麻煩別人，你進入他的行業，也是給他多了一個助力。大家知己知彼，組團打怪，不比他一個人單槍匹馬更強嗎？

最好的關係，是有情有義還有利

拿我來說，我在工作過的每一家公司都交到過朋友，有的偶爾電話或訊息聯繫，有的現在都還在走動。所以，對於「同事能不能做朋友」這種問題，你應該要思考的是——如何在同事中找到那些值得深交的人。

不要說同事們全都壞得很，你又不混黑社會，周圍總有聊得來的人對吧？二十歲時大家都是年輕人，喜歡意氣用事；三十歲時你就不要做孤家寡人了，要學會織網，織一張利益之網，

一張感情之網。

　　人和人之間很微妙，完全靠利益捆綁不靠譜，因為會被背叛；完全靠感情維繫也不行，因為沒好處。<u>最好的情況是人和人之間有情義，也有利益，彼此陪伴，一起受益。</u>

　　最後，總結一下三十歲左右，什麼樣的人更容易找到好工作？簡單來說就是──錢賺得夠多、有人脈，還知道自己喜歡什麼。

如何參加培訓最有效

　　朋友圈裡經常刷到這種圖：有人參加培訓，培訓結束後一群人站成幾排，變化各種隊形，配的文案一般是：「真心希望這樣的培訓再來一打！」「感謝優秀的夥伴們，加油！」

　　可是，你真的學到了嗎？

　　做為一個偶爾出去客串的業餘講師，我覺得參加培訓這種事挺無聊的。老師在上面講，下面 99％的人都在混時間，玩手機的、聊天的、發呆的、光聽課不做筆記的……等各種人都有，培訓結束，公司以為員工學到了，員工本人也覺得自己學到了，人人心滿意足。可真相是，講師收錢走人，大家幹活還是老樣子。

　　大家為什麼對培訓這麼無感？我覺得有兩個原因。一個原因是人們不覺得學了有什麼用；另一個原因是有些人想學，可是不知道在培訓課上該怎麼學，收穫才會比較大。

　　今天我就給大家講講培訓課怎麼聽才更有收穫。

上培訓課不要偷懶，現場就要記憶

有一類同學上課喜歡記一大篇筆記，感覺收穫滿滿的，而下來後，他們打開筆記的可能有多大呢？幾乎為零。

我要講的第一點就是：上培訓課記筆記沒問題，但不能光記筆記，還要現場記憶。這點是跟我表哥學的，這傢伙高中跟我一個班，我倆並稱為英語老師的「心腹大患」。他是心腹，我是大患。有一次我就問他：「你英語怎麼學得那麼好？」心腹說：「你們上課忙著記筆記，但我一邊記筆記一邊還在腦袋裡記憶，效率比你們高多了。」

這個就是我要講的關鍵：效率。

上培訓課時，因為你的思維跟著老師，所以對知識的敏銳度要比下來自己學習高得多。通過刻意記憶，神經元受到的刺激也比只記筆記強得多，而且還能節省課後學習的時間。

那麼，應該記些什麼呢？記概念、知識點比較好，那些容易記的還可以提升你的興趣和信心。比如我講銷售技巧，把客戶分成「藍紅綠黃」四類，你就記每一類對應的特點；比如我做人力資源培訓，你就記住「激勵員工的九個小妙招」；再比如宏觀經濟的環境分析裡，P、E、S、T分別是什麼意思。你稍微用點心，現場記住都不難。

我有一次參加完一個叫「全面品質管制」的培訓，下來跟

一個朋友聊天，就談到剛才課堂上提到的「PDCA」（戴明環，即 Plan-Do-Check-Act 的簡稱），我說：「這個 PDCA 步驟，我們其實一直在用嘛！」你看，培訓課現場記憶的附帶作用是還能多一些吹牛的資本。

理論要與工作實踐掛鉤

理論是很枯燥的，這個世界上為什麼要有理論？因為它是對實踐經驗的總結，所以顯得很厲害啊。

我們學習某個領域，經常要學習一群大師的理論，每個大師都有自己的理論。你每次參加培訓，老師也會講一堆理論。理論很好，但光知道理論沒用，為了讓同學們更好地理解，我們一般會在理論後面加一些案例。比如有一次，我講「要說客戶聽得懂的話」，就講了個小故事來說明。

九一一事件以後，美國人懸賞兩千五百萬美元捉拿恐怖分子賓拉登，但阿富汗人民對此無感。經過調查，美國人發現不是人家嫌錢少，而是阿富汗人極端貧窮，兩千五百萬這個數字在他們眼裡實在太過空洞，對他們來說，每天的生計才是頭等大事。於是，美國人把賞金改成了一千隻羊。這下子，阿富汗人都瘋了似地鑽山洞找賓拉登，有人說：「天啊，一千隻！我們村最富裕的人家也就只有十隻羊啊！」

大家都哈哈一笑，但我知道，他們並沒有真懂。聽完培訓

就完了，這是參加培訓的大多數人的狀態，只有把老師的理論和你自己的工作、生活串聯起來，才叫作收穫。

那天講完出來，有一個女生找我聊。她說她媽老愛看電視購物，有一次還要買那種老年人穿的鞋子。她說：「別浪費錢，我在網上給您買打折的愛迪達和耐吉。」媽媽一句都不聽。結果她想了想說：「這鞋子特別傷穴位，時間一長副作用特別大。」她媽一聽說：「真的啊？那就不買了吧。」

你看像這種同學，才是真的學到了。

一邊聽培訓，一邊做好當老師的準備

上培訓課的最高境界是什麼？即聽完課以後，你自己可以上台講。這比起剛才說的「現場記憶」、「理論落地」要困難多了。困難的地方有三點。

第一，對你的知識儲備要求極高。

「冰山理論」是指你的知識儲備是一座冰山，但通常露在外面的只是冰山一個角。冰山不夠大，那個角就會很小很小。

第二，你對課程的理解要到位，邏輯要清晰、通順。

聽課當然爽了，反正學到多少算多少，可如果要求你自己當老師，你就緊張了。課上的每一個知識點，都要聽到、聽懂、可變成實踐。就像品味美食，當食客是很爽，當大廚呢？灶具、主材、配料、步驟、關鍵環節……樣樣都得清楚。

第三，也是最考驗人的，是建立起這個領域的知識框架。

大多數人對於某個領域都能講個隻言片語，但是要當眾把一件事情講清楚，必須要高屋建瓴有個框架，要從源頭到支流，清清楚楚掰開。

這真的很難。我不是要求你聽完就能講，而是說每次聽課你都要抱著「如果讓我來講，我該怎麼講」的想法，對課程的吸收、消化才能達到最好的狀態。

關於參加培訓課，我給大家的建議就是這些。不過，上培訓課、看書、聽線上課程、請教他人……等所有的學習方法都符合類似的原則，從一個領域到另一個領域，學習方法在本質上其實沒有區別。所以人家才說，牛人到哪裡都牛，因為他掌握了這些方法。

至於我們普通人，上完課看完書，曬朋友圈當然沒問題，但別忘了最重要的，還是要把知識和技能真正變成自己的一部分。

如何放大
你的工作成果

　　好幾年前，我和一個好朋友，也是華為的前同事吃飯。聊起往事，我問道：「那個小賴，現在去哪兒了？」他說：「哦，那個小子啊，好多年前就調地區部去了，現在管一個大部門，是地區部總裁身邊的紅人。」

　　「什麼？混這麼好了，當年沒覺得他有多厲害啊。」

　　然後，他給我講述了許多我從未聽說過的情況，我眼珠子都快掉下來了。朋友接著說：「你這個人啊，幹活兒沒問題，就是不喜歡跟主管打交道，什麼八卦都不知道，什麼好處都輪不到你。當年在海外，你除了加班就是看電影、踢球，拉我們幾個打遊戲升級，過得跟個大學生一樣。你要是稍微有點兒眼力見兒，學學人家小賴，主管身邊多待一待，早就飛黃騰達了。」

　　我說：「不是啊！那會兒不是還小，不懂事嘛！」

主管眼中的你＝你的能力╳出鏡率

其實不是不懂事，我就是不願意。

人們說一個人受原生家庭影響，通常指的是物質層面，但其實我發現，原生家庭對一個人為人處世的影響更大。我爸媽當年教育我，對有權勢者就四個字——敬而遠之。這給我的影響就是：我以為進入社會，只要我肯努力，有本事，就能升職加薪，不需要搞什麼破人際關係。所以那幾年，工作上我沒事儘量不找主管。彙報也是，一次能搞定的絕不弄第二次；下班了看到主管有聚會，也能躲就躲。

我這一路走來，一邊磕得頭破血流，一邊反省曾經接受過的部分教育。今天我就給大家普及一個知識點——職場人幹活越漂亮，越要展示出來。

很多人以為，自己能力十分，在主管眼裡就是十分。這就錯了。如果用公式來表示，就是主管眼中的你＝你的能力 ╳ 出鏡率。

為什麼會這樣？因為我們都是人，雖然後天可以訓練成理性的機器，但是先天的我們都是有感情的。一個經常展示自己的人，必然會引起更多的關注和更多興趣，時間一長，就會獲得更大的信任。

就拿我現在來說吧，我也做到管理層了，哪個員工常和我

一起開會，常給我打電話交流工作，我就比較會關注他。考評，發獎金，或者人事任免，我就是傾向給他高評價、多發錢，委派重要崗位。

我也知道，這對那些不怎麼吭聲的其他員工不公平，所以，我常常約束自己要極度理性地思考，才可以不被出鏡率影響。

提高出鏡率

但是別的主管呢？未必。不少主管覺得自我展示是你的本分。由於我對你沒印象，而導致你懷才不遇，是你的問題，不是我的問題。

所以，有些人升遷，跟他起初的業務能力多強關係不大，而是他會在主管面前多展示幾次，得到一個小機會，把握好小機會上一個臺階，從而得到更大的機會。

我們經常說，某個員工「用得順手」。用得順手，不是一用就順手，而是越用越順手。做為打工人，你對這個一定要有清醒的認識。

當然了，我必須要澄清一點，所謂「展示你自己」，不是叫你天天奉承拍馬屁。在不違反法律、道德的前提下，發揮空間其實還是很大的，工作遇到難題，帶著選擇題去請教他；業務上有什麼好思路，可以發郵件請他指正有沒有考慮不周；生活裡有什麼苦悶，也可以找他聊一聊；業餘時間有共同的愛好，

為什麼不參加進去呢？

　　一個優秀的管理者，本來就該承擔起「政委」的職責，解決下屬的疑難雜症，讓他更好地輕裝上陣。一個優秀的下屬，也應該給主管全方位瞭解自己的機會。

學會真心實意欣賞主管的優點

　　很多人說：「唉，我對主管除了害怕，沒什麼想接觸的企圖，怎麼辦？」這個我理解，我之前就是這樣的。後來我調整了心態，一下子就不一樣了，我怎麼做到的呢？

　　學會欣賞。真的，除了極少數主管是靠色相之類很低級的手段上位，大部分人能坐到那個位置都有兩把刷子。現在的我喜歡去分析主管有什麼優點缺點，然後發自內心地去欣賞他的優點。

　　當然，我對下屬也是這樣。這話聽著肉麻，但確實如此。正因為欣賞他，你會不知不覺學習他的優點，讓你變得更優秀。

　　同時，一個人被人欣賞是會有感覺的，主管們也不例外，這是他們主管力的一部分。他會明白，你追隨他不僅僅跟他的職位有關，他會更願意指點你、栽培你，介紹給你更多的資源。甚至，你們可以超越公司、職位的限制，保持良好的私人感情。

　　二〇〇二年華為多災多難，任正非壓力大到差點賣掉公司，甚至一度抑鬱到想自殺。身邊下屬像孫亞芳、郭平這些人都在安慰他。郭平就勸他「多去做些無聊的事」，老闆聽進去了，慢慢也走出來了。

寫到這裡，我相信依然有人會問：「我就是不喜歡圍著主管轉，我就把業務做好，能不能往上爬？」

可以，當然可以。你看上面那個公式——主管眼中的你＝你的能力 × 出鏡率，你放棄出鏡率，追求能力提升，也沒問題。

拿年薪三億人民幣的「微信之父」張小龍來說，他不僅上班遲到、中午睡懶覺、打遊戲，還懶得去深圳參加騰訊總部的晨會。馬化騰對他有意見嗎？沒有。他的能力已經高到不需要什麼出鏡率了。

你也是一樣，你的能力要是比周圍人高出不是一點半點，你也不需要圍著主管轉。但大多數人，我相信就和當年的我一樣，業務能力還可以，但談不上特別拔尖，再加上對主管敬而遠之，這樣的員工還想往上爬，對主管的要求是不是有點高了？

如何與老闆談加薪

怎麼談加薪這個話題，我看過很多說法，很多都有道理，只不過沒辦法實際操作。今天我講一下實際運作的環節，可以直接拿來借鑒的那種。

一、提加薪的前置作業

提加薪還要前置作業？對！你發現沒有，你的主管跟每個下屬交流，氣氛未必都一樣。他對小張很溫和，對小李可就不一定了。為什麼？有句話不是說「別人怎麼對待你，其實是由你自己決定的」，所以你要找機會樹立你的行事風格。

入職一段時間，主管找你談話。七七八八聊得差不多了，你說「主管呀，我對自己的能力還是挺有信心的，不知道公司調薪是不是每年都有一定名額呢？」

接下來就要鋪陳了。

我乾脆直接上台詞吧！「我一個師兄跟我講，做得不好要主動向主管彙報，別等出了大包人家才知道；反過來呢，做得

好了也要主動提調薪，主管太忙，有時候不一定想得到。」

把出包和調薪放一起意圖不明顯，重點是要讓他有個心理準備，有一天他會想起來的。

二、提出加薪的時機

一般來說，公司發展得不錯時提加薪最好，公司年年虧損你提肯定不合適，畢竟覆巢之下無完卵。且最好是你剛做完一個大案子，師出有名。再者呢，也要看主管當時心情如何。

比如我之前寫過，吃過午飯人的血糖比較高，願意花力氣聽你說話，他人不焦躁，你的成功率才高。別等著快下班了才去找他，他正著急走呢，兩句話就把你打發了。

三、提出加薪的理由

你自己生活過得好不好，跟公司沒什麼關係；你覺得隔壁小孫能力一般般但薪資比你高，很不公平，那也只是你自己的想法。

明面上，加薪理由只有一個，就是你創造的價值跟收入已經「明顯不對等」了。

大家注意，我說的是你創造的價值，至於你多苦多累，那個順帶提一下就行，不要做為主要原因。苦勞沒意義，功勞才有意義。我們要求調薪又不是要飯，一定要理直氣壯。

為什麼說明面上呢，因為還有一個理由不在明面上提，只能暗地裡講，那就是你的「不可替代性」。還是直接上台詞吧！「我能有這樣的表現，都是仰賴主管您的指導。同事間若把每

項能力獨立出來看，像小陳小李他們也都能做好，而我可能是比較偏向複合型那種，所以您才會把這麼重要的任務交給我，非常感謝主管的信任。」

看明白了嗎？他們有的會 A，有的會 B，你是 ABC 全都會，這才叫不可替代。

記住，這一點你只能暗示，不可以直接說，直接說就變成威脅了，「主管，我就直說吧，這活兒除了我，別人都幹不了。」這是電視劇裡才有的情節，大家可別這麼做啊。

四、加薪具體怎麼談

這個是重點，提前準備充足。把你手裡的工作列舉一下，把對方最看重同時自己完成最出色的，最好是難度最大的，著重準備。有資料盡量呈現資料；有榮譽盡量說榮譽；有難度稍微說得誇張一點；要把短期效益和長期收益講清楚。

如果你溝通不夠好，還擔心自己緊張，那我建議你直接列印一張 A4 紙。你一邊講他一邊看，沒有眼神交流你就沒那麼緊張了。並且，等你離開他辦公室時，把那張紙留在他桌上，見字如面，會成為你鄭重其事的證明，你覺得他還會隨便打發你嗎？

當然，如果你平時和主管溝通很充分，基本不用說太多，直接提要求就是。

五、要求要具體

「主管，我希望加薪」和「主管，我希望月薪可以上調

5K」給對方的感受是完全不一樣的。前者太模糊，面對不確定性，人的本能是拒絕。後者給對方一個具體數字，他考慮的可能不是拒絕，而是這個價格是不是合適，或者要不要給你砍一點下來。如果他只是對調整幅度有看法，那你就已經贏了。

另外，這裡還有個重要的提醒——只要他沒有把話題轉移到調整幅度上來，你也不要主動轉移。

比如你主動說：「您是不是覺得調太多了？那您覺得多少合適呢？」說明你本來就心虛。對方一句話就堵住你的嘴：「我沒有在考慮調整幅度啊，我認為調薪本身就不合理。」怎麼辦？你就慌了。

六、遭到拒絕，不要輕易妥協

談判就像戰爭，決心比什麼都重要。比決心更重要的什麼？是讓對手知道你的決心。

如果你遭到拒絕就立刻妥協，對方會覺得：「這小年輕是一時衝動吧？算了算了，畫個大餅趕緊打發走。」那怎麼辦呢？喏，台詞如下：「劉總，您說的這些我都理解，不過，我還是認為加薪是成立的，理由剛才也跟您講了。要不這樣吧，我自己再想想好嗎？回頭再跟您彙報？」

他會暗暗鬆一口氣，心想終於結束了。

結束了？呵呵，等你將資料準備好了再找他，讓他知道你不是那麼好打發的。

七、對方如果不能馬上答應，你要表示理解

很多時候如果你要求他馬上答應，那他多半就不想跟你講道理了。咱們態度要堅決，但手段要柔和。大家都是人，你有人情味，他才把你當人。

所以，如果對方很猶豫，你也可以看情況，順著台階給他一點時間，大家都不容易對吧？「其實我跟您提這件事，也是思前想後覺得合適才提的，要不您再考慮一下？我也不急著您現在就答覆我。」

八、如果實在談不下來，務必讓他虧欠你

一開始我就說了，提加薪之前要先做好前置作業。那正式提了，你實在談不下來，怎麼辦？還是要做好善後，才能為下一次調薪成功鋪路，但不能帶威脅，也不能帶情緒。

「您如果真是這麼想的，我也沒必要僵在這裡，之後我一樣使命必達，爭取能做得更好，這個請您放心！當然，如果下次有調薪的機會呢，也希望您能考慮到我的訴求，提前跟您說聲感謝了！」

爽爽朗朗，落落大方。咱們表面爽朗，背地裡必須評估一下這主管他究竟厚不厚道。如果是公司硬性條件卡著，那倒也算了，等到調薪合理合規的時候，咱們再拭目以待。要真是他人不厚道，你就得考慮另一個問題了——要不要換個部門，甚至換個公司呢？

如何避免成為
大公司的螺絲釘

　　有一年，我被派駐華為海外某國市場去做某系列產品的業務。在這之前，我在總部遠端支持項目，然後在幾個國家之間來回跑，項目經驗積累了不少。

　　這一回，因為公司在當地沒有該產品的銷售人員，所以我做為責任人，踏踏實實地做完了專案簽了單。我剛準備喘口氣，找個週末在當地旅遊兩天，忽然收到地區部直屬主管的一封郵件，內容有四點。

　　1. 恭喜簽單。

　　2. 組織已經決定，由你負責該產品在這個國家的所有銷售。

　　3. 你在當地的工作向 ×× 總彙報。

　　4. 一周之內，提交一份《× 國 × 產品年度市場分析》。

　　我當時就傻了。

　　「負責銷售」怎麼負責？「市場分析」怎麼分析？我實在太無助，想給主管打個電話，既有點怕又有點不想讓他小看我。

好在我做項目期間跟當地同事處得還不錯，有個老員工很仗義，手把手教我，說材料內容部分要包括但不限於國家人口總數、人口分布、用戶平均貢獻收入、國家通信戰略、各個客戶的勢力分布、客戶的戰略、客戶關係現狀、公司的勢力分布、競爭對手SWOT（態勢）分析、突破口和壓力點……等。

旅遊就別想了，持續加班個幾天，我終於趕在截止日期來臨前的那個深夜，點下郵件的發送鍵，長長地舒了口氣……

等我第二天打開信箱，發現在我發送郵件的半小時後，主管就回了郵件，只有三個字──還可以。

不想成為螺絲釘，就得擁有深度全域觀

我當時挺興奮，工作畢竟得到了認可。直到很久以後，我才知道這份報告的水準在主管眼裡就是垃圾，只是做為一個新手，這個品質「還可以」。也就是在那時候，我才明白為什麼人家說，一個業務在華為的海外市場會成長得特別快，尤其是在空白市場。因為，你不得不一個人活成一支隊伍。

我們說起大公司，最容易吐槽的就是它會將一個人塑造成一顆螺絲釘。螺絲釘只能和旁邊的齒輪合作，看起來天衣無縫，效率極高，實際上，一旦離開熟悉的平台，離開那些你合作無間的齒輪們，你就什麼也不是。

大公司通常擁有成熟的市場、成熟的內部管理體系，有你

一個不多，少你一個也不少。但是從那段海外經歷中，迫於壓力，我不得不從熟悉的「專案運作」中抬起頭來，看看前面的路應該怎麼走，應該怎麼做「市場分析」。

曾經，我眼裡只有面前這一畝三分地，但是那封郵件要求我看到遠方還有更加肥沃的良田，我必須去思考它們在哪裡、有多肥沃、該如何佔領。我不能只做一個聽命於人的士兵，只練習瞄準、扣動扳機，我還得像個將領一樣制訂計畫：往哪裡行軍、怎麼趕去、什麼時候進攻。

所以，在大公司打工，想要逃脫螺絲釘的宿命，就得培養分析全域的能力，又叫全域觀。

我們常說的學習能力、溝通能力、組織能力等，這些當然重要，但不是最重要的。最重要的只有一個──全域觀。比如上面要求的市場分析，比起運作專案，就多了一個全域觀的能力要求。

不想成為螺絲釘，還得擁有廣度全域觀

如果你職場經驗豐富，而且邏輯敏銳，一定能看出來這種全域觀依然是建立在某個職位之上的，然後再往深處看。這是在「深度層面」的全域觀。這已經很不容易了，不過，還不是全部。

多年以後，我已經離開華為。有一次和一個前同事聊天到

深夜，我們聊起認識的朋友們都什麼去向，然後總結跳槽時我們在華為學到的東西對自己的職業生涯有多大幫助，得出了這樣的結論。

第一種，跳槽以後，去同行業其他公司的相同崗位，在華為學到的東西對新崗位有幫助的成分大概在 80%。這 80% 是你可以沿用原來的行業背景、人脈積累、思維框架和專業技能，只有 20% 的公司風格和企業文化的差異需要你重新適應。銷售還是銷售，研發還是研發，除了換個公司品牌沒什麼區別。這樣風險最小，但是對個人能力的全面提升幾乎沒有幫助。

第二種，跳槽以後，去同行業的不同崗位，有幫助的成分大概在 50%。不同職位常常有相通性，從研發跳到技術支援，從文案跳到市場是可以的，但從程式師跳到財務可能性就非常小了。這種時候，另外 50% 是思維框架和專業技能需要從頭學起，風險較大，不過對個人能力的提高幫助也很大。

第三種，跳槽以後，去不同行業的相同崗位，有幫助的成分大概在 30%。我自己就是這樣的情況，跳槽以後，行業、專業知識需要重頭學起，人脈完全談不上，只有自己的思維框架和少量技能可以沿用。風險極大，非常痛苦，但是個人成長也極快，對行業的依賴也變小了。

第四種，跳槽以後，去不同行業的不同崗位，這種操作是個案。

你可能會問，上面這些分析，跟「全域觀」有什麼關係呢？當然有了。我們重點對比下第一種和第二種。

第一種，同行業同崗位。這是職場裡最常見的情況，最後的結局就是那些新聞標題提到的「三十五歲華為員工的中年焦慮」、「中興工程師含恨輕生」……因為大多數人都變成了螺絲釘。

第二種，同行業不同崗位，當然，你也可以理解成同一公司的不同崗位。陸續經歷公司不同部門的崗位是很多大企業鍛煉接班人的傳統路徑。比如 IBM（國際商業機器公司）內部一直就採用著名的「職位輪調」來培養和檢驗接班人；李嘉誠的長子李澤鉅也在回國後加入父親旗下的長實、和黃公司，輪調過各類重要職務。

在不同部門經受歷練後，你對行業、對公司會有更加宏觀的認識，你能暫時抽離自己的身分，站在上帝的全知視角來看待問題。而這就是我想說的——「廣度層面」的全域觀。這種全域觀的培養，對於理解行業變遷、公司發展方向和節奏、團隊之間衝突、管理方式調整，特別有必要。

再簡單舉個例子。

為什麼說大公司的 CEO 通常是業務出身，或者財務出身呢？業務不多講了，因為一個公司的存在價值就是將自己的產品和服務銷售出去，CEO 理應是公司最強大的業務員。而公司

經營狀況的好壞最終都將體現在財務報表的一個個數位裡，長期研究下來，對公司的整體理解必然更加透徹和全面。這種財務視角的全域觀也是任何一個 CEO 必須擁有的基本功。

如何建立深度、廣度層面的全域觀

可見，要擺脫在大公司裡逐漸成為螺絲釘的命運，最重要的是你要擁有深度、廣度兩個層面的全域觀。可惜大多數人是既沒有深度，也沒有廣度的。

原因是他們的工作動機屬於壓力導向。就是公司要求你做什麼你才做什麼。公司要求你寫好程式，你就一心一意寫程式；公司要求你賣好產品，你就心無旁騖地做客戶關係。

這沒有錯，而且非常重要，但是還不夠。因為大公司管理的方式就是讓所有人都僅僅專注、熟練自己的本職工作，最後成為離不開公司的螺絲釘，所以你必須在本職工作以外多做一點別的。當然，你不需要、也不一定有機會在職業生涯初期就獨立承擔有一定高度的任務，或者被公司當作接班人那樣培養，但是做到下面這些總不困難。

一方面，在深度層面，多思考一下你的主管思考的問題。你不需要替大老闆思考，因為你沒有足夠全面的資訊輸入，也沒有足夠強大的思維框架。比如我收到那封郵件，主管是讓一個普通業務像業務總監一樣思考，而不是讓我考慮地區部總裁

的事，更不是讓我替任老闆操心。但是你直屬主管的事多半你是瞭解的，如果你代替他的位置，你會瞭解哪些資訊？給到怎樣的評估？做出哪些決策？下達什麼命令？經常這樣思考，多和別人交流，也會讓你的深度全域觀飛速成長，這對你的本職工作也會有極大的幫助。

另一方面，在廣度層面你能做得更多——梳理價值觀在公司內部從進入到輸出的流動、瞭解自己工作相關的上下游細節、參與公司關鍵事件、主動跨部門交朋友……等。

舉幾個反例，下面這些話，你是不是也很熟悉？

「不好意思主管，我只負責產品推廣，至於維修保養這塊兒，要不明天我請我們公司相關的人來一趟？」

「這個活動是公關部策劃的，我是臨時來支持的，所以具體的安排也不清楚呢。」

「好了快下班吧，你一個做設計的幫她們整理什麼文案啊，人家又不會給你錢。」

現在你明白，為什麼有那麼多的螺絲釘了吧？？讓你成為螺絲釘的，哪裡是什麼大公司，分明是你自己。要知道，蘋果系、Google 系、騰訊系……從大公司裡出來創業成功的、在新賽道打工同樣有建樹的，名字可以列上一長串。

人無遠慮，必有近憂，這話反過來也常常正確——你一天到晚都在為手上的事忙得焦頭爛額，有近憂，往往就無暇遠慮。

但如果總沒有遠慮，你就會永遠陷在一個接一個的近憂裡，逐漸成為一顆如假包換的螺絲釘。

如何避免被裁員

「中國網易暴力裁員」霸佔同溫層話題沒過兩天，「華為離職員工被羈押」又被炎上，各種資訊不斷發酵。

這兩件事情我不想評價，但不得不說，裁員本身不是最可怕的，裁員帶來的公司和員工關係的變化才是最可怕的。一旦公司把你放進了裁員名單，你就從可以放心的自己人變成了需要防備的外人，甚至敵人。公司平時隱藏的惡意會毫無顧忌地施加給你，你這個時候的處境才最危險。

所以，以下我要講的與裁員有關。更準確地說，與被裁有關。我想讓你知道，當下面這五個徵兆出現時，大機率說明公司準備裁掉你了。如果你能提前知道，就能著手做好防備和準備。

一、老闆突然變得溫柔

之前有個小朋友跟我講，一直拉著一張臉說話的頂頭上司，這些天忽然對他和藹可親了。他很高興，跑過來跟我分享。

我說朋友，你小心點吧，這個世界沒有無緣無故的愛。人家為什麼要突然對你好，你想過嗎？也許是你被董事長女兒看上，馬上要做乘龍快婿了；也許是你跟某政府官員吃飯，主管知道了你們的親戚關係；再或者他人到中年才發現對異性不感

興趣，挑中了你這塊小鮮肉？以上情況，可能性趨近於零。

也許答案只有這個：你已經上了裁員名單。

做為一個管理者，一個人精，你的主管為什麼要跟一個即將離開的人過不去呢？萬一你一個想不通把氣撒在他身上，他豈不是幫公司背鍋了？面對將離開之人，臉帶笑容，心懷憐憫，是一個管理者的自我修養。

至於混在職場的我們，要知道什麼都不是白來的，包括頂頭上司反常的溫柔可親，咱們且行且珍惜。

二、你突然變得很清閒

「老大，這個項目我得飛一趟上海，出差申請您再幫我簽一下喔！」

「小張啊，這個專案客戶那邊跟我們打了招呼，有點變化，你暫時不用去了。」

怎麼樣，這樣的對話熟不熟悉？

不要因為可以少跑一趟而竊喜，因為你可能已經在裁員名單上了。公司的業務永遠不會因為缺了誰停擺，但因為一個人的離開導致業務進度受損是管理者最頭疼的事。最好的方式是什麼？讓要走的人慢慢空閒下來，什麼時候該動手了，一刀下去，資遣費算是流點血，但業務上一點陣痛都沒有，俐落又乾淨。

所以，越忙你其實越安全，越清閒你就越要小心。別以為主管不知道你很閒，讓你拿著錢不幹活。你以為公司很傻，其

實是你太天真。

三、莫名其妙的考績墊底

職場上有一個普遍的誤區，很多人以為獎金、考績是看之前你做過什麼，「論功行賞」，幹得好自然獎金多考績高嗎？不，不是這樣的。

所謂論功行賞，其實是依據你之前的表現來預估你之後的表現還能給公司創造多大價值，再決定發多少錢。未來的效率永遠比過去的公平重要。看明白了嗎？這就是管理者之間心照不宣的祕密。

我們來看一下具體場景：這一年，你在團隊中盡心盡力，幫助團隊取得了極大成績。結果回頭一看，年終考績墊底，獎金忽略不計。

為什麼會這樣？也許是你已經要調到別的部門了，也許是你無意中透露過年後要請假生孩子，也許你哪次說話得罪了小心眼的他，也許他就是單純看你不順眼準備把你換掉，或者是你生病了，他們準備裁掉你。總之一句話：他們不再用得上你了。這個時候，如果必須有人承擔低考績，不找你找誰呢？

四、未經同意就調換崗位

職場中裁員，其實很普遍也很正常，天下無不散的筵席嘛，但我有個老同學常說一句話：「不怕沒好事，就怕沒好人。」

裁員不是好事，但並不可怕，可怕的是做這件事的人不是

好人。

有些人既想裁員又想省掉資遣費，他們會把裁員這種事做得很卑鄙，調換崗位就是一種常見的手段。換了新崗位，你是新手，考評自然不容易達標，這樣他們就有理由裁掉你還不用給資遣費了。讓研發去做業務，讓業務去寫文案，讓寫文案的來做內勤……等諸如此類，當他們跟你說要培養你，所以才調換你去輪調時，你心裡一定要打起十二分警惕。

怎麼辦？爭取多一點的免考核時間，至少三個月，最好半年。時間越長你越容易上手，公司的裁員成本也越高，或者你乾脆提要求，當你無法滿足新崗位考核時有權回到原來崗位。如果這些要求被拒絕，一方面，你就要開始準備搜集證據，當因考核不達標裁員那一刻來臨時，你才能勇敢攤牌，爭取勞動仲裁部門支持，拿到屬於你的賠償金；另一方面，你要開始找下家，這樣你才有足夠底氣，頭也不回地離開這個薄情寡義的地方。

五、事出反常必有妖

上面這幾點，是公司專門針對裁掉你時可能出現的徵兆。

還有的時候，是整個項目組、整個部門、甚至整條產品線直接被拉掉。員工們一個個被叫進洽談室，出來時低著頭、含著淚，帶著私人物品離開。這種場景出現之前又有哪些徵兆呢？比如：老闆很久沒來上班，而且茶水間開始有人悄悄討論了；公司高層連續幾天封閉開會，連日常業務也無暇顧及了；老闆

在各種場合給大家畫大餅，高管們表面附和，私底下卻保持沉默；財務開始找碴兒，刁難報銷發票的各種細節；銷售導向更加明確，甚至提出「全員銷售」；許多福利被砍掉，甚至就像人家說的，「辦公室的衛生紙都不再供應了」……總之一句話：事出反常必有妖。

人總是渴望安安穩穩的，總是願意選擇相信噩運都是別人的，輪不到自己。但是，你是不是也該把頭從繁忙事務中抬起來，多看看周圍，多聽聽周圍人的說法呢？不會有公司提前公開宣布「大家注意了，三個月之後我們要裁員了，都早作打算吧！」

以前不會，以後也不會，永遠都不會。但大廈將傾、巨輪沉沒，是一定會有徵兆的。保持對外界敏感，隨時做好備案，才是一個合格職場人該有的樣子。

我不妨再問一個問題：公司裡，誰會比你更早知道裁員消息？答案你應該能猜到── HR（人事、人力資源）部門。

任何一個崗位都會有和HR打交道的機會，那是HR的職責，也是他們忠於公司的本分。但和HR保持良好關係，甚至超越正常同事關係，在裁員官方消息到來前提前知曉，是你忠於自己的本分。

好了，該說的我說了，不該說的我也說了。其他就看你自己了，加油。

如何決定換行業

老家有個晚輩打電話給我，聊關於工作跳槽的事，聊了一個多小時。

我平時在關注新聞、關注新興產業上花的時間可不少，我自以為很懂現在的年輕人。打完電話發現，我還是太幼稚了。這個侄子跟我之間隔的不是代溝，簡直就是銀河，我有點後悔每次回老家我都太低調了，顯得自己不夠厲害，現在說的話人家根本不聽。

在電話裡，我主要跟他講了兩件事：一個人為什麼要換行業？多久是換行業的最佳時間？

為什麼要換行業

首先第一個問題，為什麼要換行業。這個問題對一些人來說不是問題，特別是對那種三年換十份工作的人來說，他們的問題反而是換太勤了。然而對我們大部分人來說，潛意識裡對換行業充滿恐懼。可能一開始想換又不敢換，還不知道該怎麼換，

慢慢地，就連想法都沒有了。

之前做投資，我去過不同行業的很多公司做過調查，和我一起去的都是財務金融相關的人，他們只對數字感興趣。說句題外話，對數字敏感當然是好事，但是走極端了容易變成「匠人」，缺少對公司全貌的理解。

我倒是喜歡跟對方各種人聊天，而且我有工科背景，技術問題總能問到點子上，對方技術人員很願意跟我聊。我發現某些技術人員其實非常厲害，比我想像的還厲害。不是說他對技術有多懂，而是他對技術背後的原理，對技術和技術之間的關係，還有對技術發展的敏銳度，理解得非常深刻。這種深刻，你甚至可以稱作直覺。

我還在華為時，聽過太子李一男的故事。有一次中國區精心準備了一個方案去跟中國移動的大老彙報，需要副總裁李一男親自來講，恰好李一男飛機誤點，只來得及在會議開始前幾分鐘內把材料瀏覽一遍，問幾個問題。

下屬們本來還有點擔心，但是會議一開始，所有人都傻了，李一男把 PPT 講得像是他自己寫的一樣。他不光講 PPT 上的內容，還發散開來講相關的，講得在場大老頻頻點頭。很可惜，李一男後來創業很不順，但是業界沒有人否認，這人絕對是個技術天才。

我想說的是，我偶爾也能碰到一些厲害的技術人員。他們

即使不像李一男那麼天才，在自己的行業裡絕對也是非常厲害的。他們不光厲害，而且極度努力，屬於天天泡實驗室、抽空去結個婚的那種人，但是一打聽他們的薪酬，低得我都於心不忍。

沒辦法，行業就是這樣，薪酬普遍低，去打聽他們的競爭對手也差不多。

我拿技術人員舉例子，是因為技術比較好理解，但實際上不光是技術崗位，任何一個崗位的薪酬都受限於所在行業。你可以想像一下，不同行業同樣努力的兩個人，拿到手的錢可能相差一兩倍，甚至三五倍，極端情況甚至差十倍，令人唏噓。

這是普遍現象，只不過大家通常只能接觸到自己行業的人，對別的行業不瞭解，所以沒感覺罷了。

前兩年有個新聞，抖音的母公司位元組跳動的資深工程師郭宇，透過期權實現財富自由，身價過億，二十八歲就退休了。你敢說傳統行業裡，和他一樣聰明一樣努力的技術人才就沒有？不可能嘛。他是優秀，但是他所在的行業、所在的公司更優秀。

現在來回答這個問題，為什麼要換行業？一個人誤打誤撞進入一個行業，你對行業之外的認識是匱乏的，甚至是空白的。不管因為什麼，你沒有做過幾個行業就堅持留在一個行業，那你的收入真正配得上你的才幹、你的努力的機率其實很低。

什麼時候換行業比較好

那問題緊接著就來了，什麼時候換行業最好？這個問題當然因人而異。拿畢業生舉例，畢業生畢業之前的經歷相對單純，我覺得大約畢業三年就可以考慮換行了。因為待得太久了你就出不來了。

畢業後三年，基本工作你已經很熟練。雖然絕大多數人三年內是做不到高層的，但這個行業的門道都該清楚了。最重要的是，你應該知道了以下幾個問題的答案。

首先，這個行業是個大行業還是小行業？行業裡最大公司的銷售額你該知道了，即使不知道，金額量級你總該知道。行業大小決定公司規模，套句中國財經作家吳曉波的話來說，就是「水要大，魚才大」，公司規模不夠，你在職業能力和職業通道的提升方面，收穫就有限。

再來，這個行業處於什麼階段？新興階段？成熟階段？還是夕陽階段？這個不用多講，越新的東西做的人越少，機會越多，空間越大，當然，風險也越大。最重要的是，這個行業的利益分配有什麼特點？有些行業遵循「強者恒強」的原理，像演藝圈就很明顯。一線二線演員就那麼幾個，頒個獎一屋子人全來齊了，所有資源都向他們傾斜，拍個電影動輒幾百萬上千萬的薪酬。但更多的十八線演員、群眾演員，連湯都喝不到，

所謂的拚命只是入門條件。

另一種就相對公平，大家都有錢賺，差距不會那麼大。像我之前所在的華為就是，應屆畢業生和高級副總裁薪酬最多相差百倍，但別忘了中間還有 10 多級。這種現象一般存在於智力密集型行業。大家不要誤會，我不是說拍戲可以不動腦子。

當你知道了上面幾個問題的答案，差不多到第三年，你就該做出選擇了。要嘛想明白，好好繼續做下去，要嘛趕緊換行業。三年是個檻，畢業三年都不換行業的，後面換行業就越來越難，越來越不划算。

一般人覺得不划算是考慮到了沉沒成本：我已經付出那麼多了，為什麼要換呢？所以即使大部分人換工作，一般都還是留在原來的行業。一來是沉沒成本太高，二來在老行業有技能、人脈、行業背景知識的積累，跳槽適應起來難度沒那麼大，這是人之常情。

但我說的不划算，是指當你未來有一天發現一個之前跟你差不多的同事，因為跳到別的行業拿了你的三倍薪水時，你可能會怨自己——我明明也可以的啊！

那個時候你再跳過去做他的下屬，或者下屬的下屬，划算嗎？

換行前，要培養起可遷移的底層能力

有人要問了，既然換行業不能太遲，那為什麼不做個一兩年就換？早換豈不是更好？

首先你得明確一點，行業非常重要，但再好的行業你也得夠厲害才行。如果你換行太頻繁，意味著你在新行業永遠處於職場最底層，你根本沒有機會去挑戰高難度任務，打磨自己可以在不同行業遷移的能力。

無論在哪個行業，職場對一個人能力的要求其實是相似的，有幾項能力可以說是底層能力，是可以遷移的。比如當眾發言、甚至當眾演講的能力。你可以理解成前者坐著說，後者站著說，站著說要比坐著說難得多，雖然有人坐著都說不清楚；比如協調資源的能力，包括但不限於搞定客戶、和同事處好關係、跨部門解決問題和說服上司投入資源精力；再比如，建立起思考問題的框架，甚至不止一個框架。這一點說起來很虛，其實非常重要。人家說「花半秒鐘就看透事物本質的人，和花一輩子都看不清事物本質的人，註定會有截然不同的命運。」為什麼有人可以花半秒鐘就看透事物本質？因為他建立起了思考問題的思維框架。

查理・蒙格說：「手裡拿著錘子的人，看什麼都像釘子。」這句話是在嘲笑那種只有一種思維框架的人。但我覺得有一種

思維框架也比沒有思維框架要強，更別說當你有了不止一種思維框架時，你手裡就不是錘子，而是一個工具箱了。

還有很多底層能力，就不一一列舉了。所以說，別以為我說畢業三年換行業時機最好，你就天天什麼也不幹，就等著三年一到好換行。這三年裡，你要著力打造自己的競爭力，才能為有可能到來的換行做好準備。要不然等三年一到，你就算發現老行業不怎麼樣，你又拿什麼來換呢？

很多人都是這樣，不換行業不是不想，而是不敢罷了。換行業是主動追求自己的價值最大化，而不是對老行業的逃避。

剛才說了，三年只是一個大約數，已經在職場打拚多年的老人其實也可以思考我剛才提到的對行業的瞭解，你瞭解沒有？底層能力你掌握沒有？搞清楚這些，自然就知道到沒到換行的時候了。

成為一個什麼樣的人，主動權在你手裡

最後，澄清三點。

一、我只考慮了錢的因素

換行業找工作跟談婚論嫁一樣，你不能只看錢，還得談感情。談感情放到行業選擇上，就是所謂的興趣。不過我發現一般錢給夠了，很少有人會沒有興趣，除非真是賺夠錢了，二十八歲就能退休。所以結論就是，如果你不知道自己對什麼感興趣，

那就看錢好了。

二、不要迷信行業

這句話有點拗口，什麼意思呢？就是有很多爛人在機緣巧合之下進入好行業，拿到了高薪酬。我說的爛不是人品，而是能力。他賺的比你多，但你不必因此而自卑。如果他不踏踏實實幹活，一天天就想著混日子，高薪酬大概不能持久。而我們踏實幹活的人也別太封閉，在人生選擇上要有戰略思維。

如何把一份工作做好？這是一個戰術問題；這份工作值不值得我做？這個行業值不值得我待？這就是戰略問題。

三、不要被行業塑造了

我接觸過不少行業，有些行業的人普遍狡詐，有些行業的人普遍厚道實在。這很正常，英文有句話說 You are what you do，你在哪個行業，就容易沾染哪個行業的習氣。

雖然造化弄人，我們在命運面前常常有無力感，但是，成為一個什麼樣的人，主動權一定要握在自己手裡。你看巴菲特和那些玩期貨玩到跳樓的大作手，同樣是社會精英，在同一個大行業裡發展，但塑造了不同的人生。

都說厲害的人到哪裡都厲害，我更希望你們，正直的人到哪裡都正直，有趣的人到哪裡都有趣。

chapter 4

普通打工人，上升路徑怎麼走？

年薪百萬絕不是
年薪二十萬的工作做五份

　　年薪百萬難不難？難，非常難，做為一個傳統行業的資深打工人，我認識的年薪超過百萬的打工人朋友，有，但確實不多。很多人問我，職場人怎樣才能擁有年薪百萬？我說，首先你得搞清楚一件事，所謂年薪百萬，不是你現在做的工值五十萬，然後再多做五十萬的工，或者你做了五個人的、每個人二十萬的工作，真這樣你早累死了。

　　年薪百萬的人，工作量也就值十萬。但是在這十萬基礎上，他們用了槓桿，用十萬直接乘以十，變成價值一百萬的工作。這才是年薪百萬的真相。

　　當然了，所謂年薪百萬，只是我舉的例子，其實任何拿高薪的職場人都用到了槓桿，不是說只有百萬年薪的人是這樣做的。看完這篇文章，我保證不了你年薪百萬，但至少你可以知道跟別人比你差在哪裡。<u>瞭解到差距，努力才會有方向。</u>

第一個槓桿：突破職位限制

這裡要講的關鍵字，是「職位」。現代企業分工已經非常細密了，寫程式的、管財務的、做銷售的、寫文案的、處理客服的……這些都是職位。為什麼單一職位想拿高薪不容易？因為你突破不了職位的限制。

越是分工明確的公司，特別是大公司，越喜歡強調「專業性」，就是要讓一個人把手裡這攤活兒做細、做精。我不反對專業，但是無論多細多精，你畢竟只有一個。

那麼，什麼叫「突破職位限制」呢？我前面講過當年我在國內十，想去爭取去海外崗位，但是英語成績差，直接找到簽證科同仁把簽證搞定的事。以我的職位本來沒有許可權這麼做的，這算一個小小的突破。

後來我在海外某國，有一次項目簽下來了，居然搞錯了發貨。身為專案負責人的我，只好跟技術服務、工程、研發、採購和生產的人開會，天天開，天天吵，吵了整整兩周，終於搞定了，大家都很開心。

過了沒多久，我回國培訓，就拉上一同回去的供應鏈主管，請國內當時負責這件事的生產部門一個小主管，在旁邊餐廳吃了頓飯。這頓飯吃完，我算是完全搞明白發貨的事了。而且，該國有一些特殊的清關政策，包括裡面的一些潛規則，之前我

只是瞭解，現在也算是徹底弄明白了。後來只要發貨有問題，哪怕跟我無關，大家都會找我出主意。

這件事，就是典型的「突破職位限制」。

很多人都說，在公司打工就是一顆螺絲釘。拜託，不要因為別人說你是螺絲釘，你就真把自己當螺絲釘了。你的職位確實是螺絲釘，但是只要你願意，可以把齒輪、鑽頭的工作都裝進腦子裡，沒人能攔得住你。一個流程有五個步驟，如果你負責某個步驟，還能同時指揮其他四個人，那很好，說明你可以做一個五人團隊的主管了。公司不需要再派一個人來管你們五個人了，就算派，也未必有你管得好。

你對其他職位的理解，對整個流程的把控，就是槓桿。你拿到的錢，一定會比單一職位更多。

第二個槓桿：多重技能傍身

關於職場技能這事，我先做個自我批評。我是業務出身，一直以來都覺得業務最厲害，其他職位的技能都不過如此。後來換行去做投資，被社會毒打了，我才開始惡補財務、金融的知識技能，雖然比不上人家科班出身的，但至少夠用了。

財務為什麼重要？洛克菲勒第一份工作是記帳員，皮爾卡登第一份工作就是會計，Nike 創辦人菲爾‧奈特曾經是會計學教授；全球一百強企業中，55％的 CEO 都有財務背景，其中

23％還持有會計師證照。

我有個體會，當一個市場剛開始還比較混亂、群雄並起的時候，業務技能特別重要。但是等市場逐漸穩定下來，各自占好山頭，從遭遇戰轉成陣地戰時，那財務的重要性就開始凸顯了，比如像阿里巴巴創始人馬雲做過業務，現在的阿里 CEO 張勇就是財務出身。

除了業務和財務，職場中還有許多技能要掌握。有些跟行業相關，比如製造業中品質管理的技能就很重要，有些認證是必須要考的；外貿行業英語是硬技能，你會多國語言最好；像通訊、晶片，這些技術含量高的高端製造行業，你最好有一定的理工科背景，任正非之前明確說，他女兒孟晚舟不可能做華為 CEO，就是因為孟晚舟沒有技術背景。

還有一些技能跟行業無關，比如剛才提到的業務、財務，是任何行業都需要的通用技能。此外還有個通用技能用得比較多，就是演講。

最近聽說我的一個高管朋友，要求他十五歲的兒子在家人面前演講，站在客廳中間講，任意話題都可以，當眾講滿十分鐘，每月一次。我有點吃驚，想了想也不意外。網上有個話題：為什麼來自不同家庭的孩子，氣質不一樣呢？和人相處，一個木訥膽小，一個從容大方；一個有事憋在心裡不敢找人商量，一個滿臉寫著「你們都得聽我的」。這氣質能一樣嗎？

當然，演講這種十五歲孩子能做的事，許多職場人未必都能做得多好。其他的，像換位思考、寫作、資訊搜集，甚至抗壓能力這些，就不多說了，說過很多次了。

那麼，多重技能傍身為什麼是第二個槓桿？因為公司的任務都是以目標為導向的，越複雜、越困難的任務需要具備的技能就越多。我們說「不可替代性」，往往不是具備某種單一技能的人才不可替代，而是同時具備多種技能，能解決複雜問題的人才太少了。

你的本職技能值年薪十萬。其他技能可以幫你的年薪乘以二、乘以 N，甚至更多。

第三個槓桿：理解行業

雖然被毒打過，我還是特別感謝曾經有過的投資經歷。這段經歷讓我學會了從整個經濟迴圈的角度去看一個行業，再從整個行業的角度去看一家公司。

你的行業，在經濟迴圈中處在什麼地位？

有些行業創造價值，比如說農業這一行會生產白色的大米、工業這一行會生產黑色的鋼鐵，我們看得到，用得著；有些行業也創造價值，但你不一定能看得到，像常說的服務業，街上做美體按摩的，美甲整容之類的。還有一些行業本身不創造價值，但是它們連結價值，最典型的就是金融業和網路電商。

上面這個分類非常籠統，我建議大家沒事兒的時候可以去經濟部的網站上去看看。

人家說「讀史可以明智」。歷史在哪兒？官網這些公開資訊，就全是歷史資料。你把某類資料製作幾張表，看一看，對某些城市、某些行業，國家做出了什麼判斷？國家最關心什麼？你所在的省份和城市，政府是怎麼想的？這些都一目了然。

順帶說一句，剛才說職場的通用技能，「資料分析」也得算一個。之前有人說，要把一份工作吃透，沒三年根本不可能。我說：「對，有些工作技術含量很高，很講究一萬小時定律，但是對自身行業的理解用不了那麼長時間。」

投資領域有個說法，叫作「一周弄懂一個行業」。你做為該行業的從業人員，條件比外人便利得多，同行的溝通、行業論壇、技術峰會、諮詢報告……你差的不是條件，而是有沒有這個想法。

那你問：「我理解行業是為了什麼？理解行業真有這麼重要嗎？」我想說：是的，無比重要。<u>理解行業，只為了把兩件事做好：尋找機會和預知風險。</u>

你看那些總經理、副總經理和總監，每天不過就是開開會，出差見見客戶，做做彙報，這有什麼難的？他們做的事本身不難，搭飛機住酒店嘛，講幾句話嘛，確實不難。要不怎麼說，他們工作量也就值十萬呢？最難的東西，是他們的腦子裡那些經

過多年沉澱、長久思考、反覆試探的那些東西——機會在哪兒？風險在哪兒？如何決策？

做決策才是最難的事，比你做了幾個文案、裝了幾封標書、簽了幾個訂單要難得多。因為具體執行只影響趕路的快慢；但是決策決定公司趕路的方向是不是正確的，是路越走越寬，還是一條窄路走到黑。

如果你一個決定就能幫公司多掙三五千萬，那你的年薪百萬在老闆們眼裡不過是毛毛雨。

職場裡你什麼都想要
往往什麼都得不到

　　這一篇我們來聊一個非常有意思的話題——工作中的「不可能三角」。搞清楚這個，對你找工作、做職業規劃特別有幫助。

　　大家對「不可能三角」可能比較陌生，這個定義來自經濟學。即一個國家不可能同時實現這三個目標——資本流動自由、貨幣政策獨立和匯率穩定。很拗口對不對？你只需要知道：某些事情有三個重點，你最多只能抓住兩個，不可能同時三個都抓住。這就叫「不可能三角」。而工作中的「不可能三角」，指的是收入、成長性和穩定。三個角你不可能同時擁有，什麼都想要，搞不好最後什麼都得不到。

　　這裡我要特別強調一下，此處說的不可能三角是這份工作本身具備的特點。比如說你想找份錢多事少離家近的工作，這裡離家近就不是工作本身的特點。「錢多事少」的工作是有的，如果碰巧你住在附近，那就滿足了「錢多事少離家近」。

那麼，為什麼說收入、成長性和穩定，是一份工作的「不可能三角」呢？

收入高的第一種情況：行業高速發展

一份工作如果收入高，一般有兩種情況。第一種，是你處在一個高速發展的行業。行業高速發展，人才缺口大，收入自然高。典型就是網路電商，阿里巴巴、騰訊的工程師們收入都不是一般的高。我認識一個在騰訊做人工智慧的人，前幾年他說要搬家，從上海搬到深圳，想買一個大一點的房子，約45坪。我們都想，換房子不是件小事，就問他：「那你上海的房子準備什麼時候賣？」人家回答：「我沒說要賣呀。」

華為也屬於這種情況。華為進入的任何一個領域，包括之前的電信，現在的手機、雲系統、人工智慧和車載作業系統，都在急速擴張。其他行業，像過去三十年的房地產、過去二十年的外貿，也處於急速擴張的狀態。

大行業比如房地產、建材裝飾，教育領域的海外留學等發展了二十年、三十年。小行業比如我之前調查過的，能源細分領域裡的液化天然氣、節能發電、大部分小型製造業，也發展了三五年、九年十年。再誇張一點，像二〇一九年新冠疫情爆發時的口罩和酒精行業，如果你在這一行，收入就一定會高，工作的成長性也會非常強，因為搶地盤的時候最磨練人，但是

非常不穩定。競爭激烈，壓力超大，成長性強，所以公司發展極其不穩定，贏的時候一飛沖天，輸的時候就要卸甲歸田。

大家不要以為進了大公司就意味著穩定。大公司工作時間九九六、〇〇七（每天零時上班，隔天零時下班，每週工作七天，即全年無休），員工都是拿命在換錢，至少是拿頭髮來換。不願意換你就滾蛋。在這個「不可能三角」裡，如果你擁有了收入和成長性，就不得不放棄穩定。

收入高的第二種情況：壟斷

壟斷分兩種，其中一種是經營權壟斷。經營權壟斷的意思是不會有人和你搶生意，那你的效益自然好，員工收入自然高。

當然，若是一般員工收入也是一般，要等職位到了一定位置，收入才會有大幅提升。比如國營企業，像三桶油（中國石油天然氣集團公司、中國石油化工集團公司、中國海洋石油集團有限公司）、兩大電網（國家電網和南方電網）、三大運營商（中國移動、中國聯通、中國電信）；或者地區的特許經營公司，比如地方天然氣公司、煙草公司之類，都是這樣的。而且，壟斷企業通常有「工資總額」的限制，哪怕你做得再好，收入也有上限。當然了，某些行業因為利潤豐厚，光是上限的收入也不得了。

第二種壟斷是技術壟斷。典型的是外資企業，特別是一些

高科技企業。前段時間甲骨文裁員掀起了軒然大波，這家美國公司在過去二十多年裡靠著先進的技術幾乎壟斷了中國企業資料庫的所有生意。在阿里巴巴和華為的雲計算崛起之前，甲骨文就有點國營企業的感覺，員工收入高、福利好，日子好過得很，甚至甲骨文號稱「當地最大養老院」。當然了，甲骨文的門檻也不是一般高，名校畢業只是起步。

不管是哪種壟斷，收入高又穩定，但是成長性怎麼樣呢？不能說沒有，只是相比真正殘酷的市場競爭，成長性偏弱。所以，國企下崗和外企裁員都是非常殘酷的事，因為員工成長比較慢，回到就業市場心裡都是虛的。

這就是「不可能三角」的另一個版本——你要高收入和穩定，那就會失去成長性。

收入低，但穩定、成長性尚可的工作

那麼，什麼工作穩定、成長性還可以但收入低呢？這種工作一般在體制內。比如一些對技術、經驗要求非常高的工作，這種工作沒有什麼爆發不爆發的，千百年來都有，公立學校的老師和公立醫院的醫生都屬於這類。

因為在體制內有編制，所以穩定，但相比付出，收入真的不算高，可事情一點都不少，只要你願意學，成長性是很強的。還有一部分人在類似軍工行業的大型研究所和科研院所工作，

這類工作技術反覆運算非常快，成長性很強，但受制於體制非常穩定，他們收入也上不去。我們可以把這兩類工種統稱為技術工種。

圖三

　　總結一下，上面這張圖，就是一份工作的「不可能三角」。收入、成長性和穩定，你最多只能占兩個。有人可能會說：「我現在的工作是一個都占不到啊！」沒錯，我說的是最多占兩個角。有些工作只能占一個角，比如某些行業的小公司，成長性還可以，但是收入、穩定都談不上。而一個角都占不到的工作實際上也不少。

　　介紹完工作的不可能三角，那麼問題來了，收入、成長性和穩定，我們究竟該要哪幾個，放棄哪幾個呢？你說，「那還用說嗎，當然是要收入了。」如果真那麼簡單，我也不用寫這

篇文章了。關於三個角如何取捨這個話題，我們留到下一篇文章來寫吧！

在下一篇你會看到，一個沒學歷、混底層的小白在一個新興行業裡如何翻身暴富；一個體制內有穩定工作的公職人員如何跳出體制，變現他的經驗。太陽底下無新鮮事，如果他們可以，那麼你也可以，而且他們只是因為機緣巧合改變了命運，你現在已經知道了裡面的底層邏輯，就該更能把握自己的人生才對。

成長性是職場人
一輩子的事

這一篇我們來談談「不可能三角」之間如何轉化，或者說如何取捨。特別是當你從職場的年輕人慢慢變成成熟的職場中年人時，如何順應這個「不可能三角」做出改變會更加合理。

先講兩個真實案例吧！

帥小夥趕上行業爆發期，老教師靠專業變現

第一個故事的主角是我同學的表弟，學歷很低，在飯館裡幫過廚、當過大樓警衛、還賣過保險，都沒做太久。年近三十，幾年前被家裡逼回了老家，在一個事業單位領死薪水。後來有一天聚會，我聽說這孩子最近發達了，在二線城市都買了兩套房子。

我很驚訝，連忙問是怎麼回事。同學說，他在事業單位待不慣，沒多久跟家裡吵了一架又出去了，在一家醫美公司做業務，做了三年，錢賺得飽飽的。

我平時比較關注資本市場，知道最近幾年醫美火熱，醫美診所一個一個上市，但是做醫美業務，賺錢也這麼快嗎？

同學說，醫美業務競爭非常激烈，零底薪，完全沒保障，但是比不過抽成高呀！普通項目比如割雙眼皮、墊鼻子，抽成比例能達到三成，像隆胸這種大項目抽成在五成以上。隆胸一次花幾萬塊太正常了，所以醫美業務的收入完全看業績。

我現在還記得同學這個表弟的樣子，有點少數民族血統，五官相當立體，挺帥的。如今這個帥小夥，就是我們常說的，趕上了行業爆發期。多說一句，我不是推薦大家花錢去做醫美或者整形，畢竟在我看來，最性感的還是人的頭腦，可是許多人不這麼想，也應了人家賺到這個錢。

第二個故事的主角是我認識的一位小學老師。他在公立小學教了二十多年，一年多前被一家私立學校挖走了，薪水直接乘以三，年底獎金豐厚，還送了他當地一套房子。說實話，這種事在如今這個年代，其實不算新鮮了，故事就說到這。

穩定也有穩定的好處

我們用「不可能三角」來評價一下這兩人的工作變化。帥小夥是從低收入、成長性差但是非常穩定的事業單位，換到了高收入、成長性強但一點都不穩定的醫美業務；小學老師從收入一般、成長性還可以也非常穩定的公立學校，換到了收入高

得多、成長性更強但是穩定性差的新工作。

看出來了吧，除非你在壟斷企業，否則，想要收入大幅度提升，就必須要放棄穩定。而且，高收入工作對你的成長性要求會高很多。

我特意問了一下，小學老師被挖過去後，不光自己有教學任務，還得和另外的老教師一起天天加班熬夜，輸出各類教學範本。這些範本就成了學校培養年輕教師的教材。她跟我講，公立學校雖然辛苦，但不至於像現在這麼累，特別是剛去私立學習那段時間，她吃住都在學校，家都沒法回。

看出來了嗎？放棄穩定、追求收入，其實是工作變動的方向之一。

關於穩定，我想多說兩點。首先，放棄穩定是得到高收入的必要條件，不是充分條件。不是說你放棄穩定就一定可以增加收入，但是你不放棄穩定，連機會都沒有。其次，穩定這個詞，僅僅意味著不會失業、退休金有國家保障嗎？不是的。在一些傳統行業比如教育、醫療行業，一家公立機構的穩定常常意味著——你可以利用平台資源快速完成自身成長，可以利用平台在行業的地位最大範圍擴大你的影響力。

比如，因為這次新冠疫情而為大家認識的中國醫生張文宏，本身是復旦大學附屬華山醫院的感染科主任。張醫生是對事業有追求的人，但總的來看，他不會離開華山醫院。我們假設，

如果有私立醫院或者私立醫療機構想挖走他，會出多少錢呢？
這個數字一定會很驚人。

我還認識一個在中國某著名醫院營養科的年輕醫生，他的
副業是在 APP 上給人提供付費的專業保健諮詢服務，此外，他
還寫文章發表到專業刊物上。後來，他副業收入屢創新高，現
在已經出來創業了，做得風生水起的。

所以說，當你有一份穩定工作的時候，與其天天抱怨收入
低，還不如花點時間研究一下如何利用平台成就自己的能力和
影響力。

成長的兩種情況

講完以上幾個例子，我更想說的不是高收入，不是穩定性，
而是成長性。因為，大家都在意的高收入不過是成長的結果。
一個人之所以會成長，通常來看分成兩種情況。

第一種情況比較普遍，外部環境讓人成長。像做醫美銷售
的小夥子，因為行業井噴，要考核業績，他被迫自我成長。我
接觸過的幾乎所有這類型行業都是這樣。行業一旦過了爆發期，
裡面大部分人，特別是錢掙夠了的老人，基本都開始吃老本了。
當然，人家或許有這個資本，不過能不能在爆發期進到這種行
業，說實話，就有點看運氣了。

第二種成長是個人主動尋求成長。在公立學校幹 20 年，並

不是每個老師都有能力、有名望被私立學校挖走的。像這位小學老師，業務能力強，年年評先進，多次代表學校去市裡、省裡做業務交流，是學校的學科帶頭人，教出來的學生個個成器，桃李滿天下。這就是同樣環境裡人和人之間的差別。

所以，我經常跟大家講，無論在哪裡，你都要抓緊時間成長。如果你真覺得學不到東西，就趕緊換個環境吧。

成長性是伴隨職場人的永恆課題

最後，我們再聊聊職場新人、成熟中年人如何順應「不可能三角」做出改變。

我曾經說過，三十歲之前要放棄收入，追求成長性。這並不是說放棄高收入，比如金融行業的畢業生月薪上萬的大把，其他行業得三五年後才趕得上。但那個行業的人收入之所以高，只是因為行業本身而不是因為你個人。無論是否穩定，「成長性」才應該是你最在意的。因為隨著個人成長，收入必然會攀升。

那麼，當你進入成熟的中年呢？我的建議是：保持成長性，放棄高收入，追求穩定。

你一定奇怪，一個職場類型的意見領袖居然建議大家追求穩定？是的，人到中年，追求穩定其實是理性選擇。因為你有了家庭，需要花大量時間去經營和照顧，一份太不穩定的工作

有可能會讓你腹背受敵。

那你要問了，追求穩定，豈不是容易被裁員？不會的。其實你有沒有想過，一個人為什麼會被裁員？除了那種整個部門被一刀切的裁員不提，一個人被裁的原因通常只有兩個：一是你沒用，二是你太貴。保持成長性就是為了解決「沒用」的問題；放棄高收入就是為了解決「太貴」的問題。

疫情期間，我看到網上有研究生隱瞞學歷找本科生的工作，還有員工主動申請降薪的新聞。其實已經有人這麼幹了，畢竟低收入總好過沒收入。你可能會問，剛才那位跳槽去私立學校的老師，為什麼要放棄穩定、追求收入呢？我想說，你看到的是她翻倍的收入，但你看不到她無暇照顧家庭承受的壓力和痛苦。當然，這是人家的個人選擇，自己衡量清楚就好。

一個人的職場生涯一般來說約是三四十年，「收入應該一直上漲」是不少職場人一廂情願的想法，我稱之為妄念。當初我離開華為跨行業跳槽，收入銳減，我沒太在意。因為我放棄高收入的同時，也擺脫了幾年海外、幾年北京、幾年深圳、幾年國內某城市到處跑的那種身不由己。換句話說，我得到了常駐地的穩定。

「不可能三角」裡，收入和穩定都是可以階段性放棄的。只有成長性才是伴隨職場人的永恆主題。公司賺到錢，是因為幫社會解決了某個問題。解決的問題越大、越難，公司賺到的

錢就越多。我們職場人也一樣，只有不斷成長，解決更大更難的問題，才能賺更多錢。

真正的努力
是你要千方百計

做為一個自以為混得還不錯的職場老手，上個週六，我遭受了一萬點暴擊。

喝茶時聽朋友 A 說，他手下有個叫小 M 的女孩，不到三十歲，專科畢業，八年前還是個普通的總機小姐，最近剛晉升大區經理，是他們公司冉冉升起的新星。

聽 A 總講完小 M 的事，我更加堅信——普通人永遠都有機會，逆襲的路都是自己走出來的。如果你還在抱怨「我已經很努力了，但就是沒法成功」，看完小 M 的故事就會明白，為什麼你的努力只能賣白菜價，她的努力卻比黃金還貴。還有，你會明白什麼才是真正的努力。

真正的努力不是把事做完，而是「千方百計」

總機小 M 第一次給 A 總留下印象，是一件普通的不能再普通的小事：急件印名片。當時的 A 總還只是個部門總監，要坐

晚班飛機去外地參加展會，臨行前一天才發現名片用完了。他很著急，只好守在小 M 旁邊聽她給文具店打電話。在 A 總印象中，一般行政人員都這樣講電話：

「請問你們家可以趕急件的名片嗎？最遲明天下班前就要。」

「不行，沒那麼快。」

於是再換下一家，直到打完所有的電話。

但小 M 打電話，和其他人不一樣。

「請問你們家可以趕急件的名片嗎？我最遲明天下班前就要。」

「不行，沒那麼快。」

「為什麼呢？那你們要多久？」

「明天下班前我必須要，你們怎麼樣才可以做到呢？價錢什麼的都好談。」

「我們之前沒合作過，這次你們能印的話，以後大家可以多多合作嘛～」

「不能這麼講啊，你跟你們老闆申請一下行不行，或者我來跟他談？」

小 M 打完很多很多個電話，終於，A 總在出發前拿到了新印製的名片。

A 總說，他聽小 M 打電話，感覺這哪裡是個總機，分明就

是個國王，在自己的領地發號施令。她這麼拚命幫我搞定了名片，我感覺去展會不多談幾單都不好意思回來！」

看到這裡，我想問一個問題：你覺得其他總機把電話號碼一個個撥完，這樣打電話，算努力嗎？你可能會說，算。那麼，有用嗎？很遺憾，沒什麼用。

這種努力，就是「我已經很努力了」的那種努力，即大家常說的「盡力而為」。一百個電話號碼，打到第六十個一個靠譜的都沒有，然後給自己打氣說：「再堅持一下，說不定會有奇蹟出現。」這樣的例子太多了，不肯動腦筋的人總把希望寄託在「再堅持一下」。

因為堅持，所以會有奇蹟出現？安慰自己罷了。

小 M 呢，當然也很努力，可是和別人比，她身上多了一股闖勁。目的必須達到，弄清困難有哪些，要解決困難，沒辦法就想辦法，沒條件就創造條件，沒資源就搞資源。這種努力，叫作「千方百計」。

「盡力而為」給人的感覺是「我只能這樣了」，「千方百計」則是「天上就算下刀子雨，我也要借把鋼傘來撐」。

每次都千方百計，你的努力會被所有人看到

小 M 做事的闖勁讓她在公司口碑越來越好，A 總當然也有耳聞。她再一次帶給 A 總驚喜是在半年後，這次她處理得更巧

妙。

A 總常駐區域的員工 G 來總部出差，陰差陽錯，在小 M 已經幫他預訂好酒店之後，他又在同一家酒店訂了房，還預付了一天房費，酒店不給取消重複訂單，G 沒轍了。A 總本來想找行政主管幫忙，轉念一想，讓 G 把小 M 請進了辦公室。

小 M 仔細問 G：「什麼時候訂的？什麼管道？什麼房型？價格如何？用的誰的名字？」然後，A 總看著小 M 若有所思地走出辦公室，心想：這回有點棘手了，小姑娘能行嗎？半小時後，小 M 走進 A 總辦公室，說搞定了。

看到 A 總一臉驚訝，小 M 笑眯眯解釋說，這其實很簡單。原來，她讓酒店確認這兩個訂單都用的是 G 的名字，酒店只好承認訂單重複了，但要流氓，咬死了說房間是你們訂的，按規定就是不能退。其實，酒店以為房費已預付，小 M 拿他們沒辦法。

小 M 給了他們兩個選擇：「我們主管很生氣，叫我馬上打12315 投訴，但我覺得不至於，我問了一下，公司下個月還有個同事要來出差，要不這樣，G 住他自己訂的房間，我訂的那間房呢，推遲到下個月，讓來的人住行不行？房費可以先不退。不然，我就只有打 12315 了，你看呢？」

如果說，印名片的事還算是運氣好，碰上可以接單的店家，那麼酒店訂單的事這樣處理，我真是頭一回聽說，不服不行。

A 總說，他也有同感。小 M 的努力，不光是老老實實做事，還是開動身上每個細胞主動思考之後的努力。一般人總是盡力而為，看似辛苦，實則廉價，而千方百計實現目標才貴比黃金。這才是真正的努力。

找工作，也要千方百計

　　經常有粉絲在後台留言聊自己的困惑，而找不到工作是常見的問題。我記得一個畢業三年的粉絲，留言說自己已經很努力了，可還是找不到工作，很焦慮。

　　我問：「你是怎麼找的？」

　　他說：「在網上投簡歷，再問問同學老師，我又沒別的社會資源，怎麼辦？我從辭職那天開始，一直在各大招聘網站投簡歷，面試機會很少，進入二面就更少了，找了快兩個月了。」

　　我又問：「你準備了幾個版本的簡歷？」

　　他反問我：「還要準備不同版本嗎？」

　　我有點無語。

　　網上海投簡歷只是基本款好嗎？你知不知道你的同齡人為了拿到 offer，會針對每家應聘的公司做專門調查，研究公司歷史、發展戰略乃至創始人和高管的履歷？你知不知道，他們會提前沉浸式預習，解讀崗位職責，尋找和自己經歷的交集？知不知道他們針對每個公司的每個崗位，都會獨家客製簡歷？知

不知道，他們為了吸引 HR 眼球，會絞盡腦汁想簡歷上的第一句話，想得都撓破了腦袋的一層皮？更不要說，他們只要有機會坐在面試官面前，一定能把對行業、對公司和對崗位的理解，講得對方眼睛都不眨，全程無尿點。

在這背後，你知道拚的是什麼嗎？是和小 M 一樣，那種千方百計也要拿到這個 offer 的闖勁啊！

成為擁有千方百計思考力的少數人

工作這麼多年，我越來越發現，看一個人做事，一眼就能看出來他職業生涯的邊界究竟有多遠。差勁的，只能完成簡單工作，閒置時間上班摸魚，還以為可以占公司便宜。這種人會永遠停留在最底層，扶都扶不起來，當然，也沒有人去扶。

好一點的，普通工作沒問題，但是如果指派給他們新任務，任務難度越大，他們信心就越小，辦法就越少。他們擅長把腦力勞動變成機械的體力勞動，不去想、也想不到還能不能有更好的辦法，更好的效果。職場上，這種人真的是不要太多，可以用，也可以不用；他們能走遠，但走不太遠。

只有少數人，擁有那種千方百計的思考力。他們總能發現問題，但絕不回避問題。他們有清晰的目標，但思考問題並不局限於達到目標。即使一個芝麻大小的任務，他們總能牢牢抓住，嘔心瀝血，不要命地想辦法解決，像在飄搖的職場汪洋裡死死

抓住一根救生的浮木。哪個前輩、哪個主管不喜歡這樣的人呢？

於是在別人眼裡，他們總是運氣好，到處都能遇到貴人，從浮木爬上木筏，再從木筏跳上快艇，最後穩穩地登上萬噸巨輪。

可量化思維和習慣
讓你從平庸變優秀

你身邊有沒有這樣的人：活幹得不少，卻長期得不到認可和重用，經常聽到他抱怨這抱怨那。真的是老闆瞎了眼嗎？不，大多數情況是，他真的很平庸，而且，被人家一眼看出來了。

一個職場人是優秀還是平庸，對我來說，看這一點就夠了：可量化思維方式。什麼叫可量化思維方式？有那麼大作用嗎？

今天來說說你為什麼要培養自己可量化的思維方式和工作習慣。要知道，職場上微不足道的細節最見一個人的真功夫。

什麼叫可量化

我們先看一個工作彙報的例子。

有一天，你和同事小敏一起被派去參加一個論壇，回來主管問：「會開得怎麼樣啊？」你說：「挺好的，來了好幾個大咖，有×××，還有×××，其中××的觀點對我特別有啟發。競爭對手也來了幾個，比如××，我瞭解了一下他們最近人事有

變動。」主管說：「哦，還不錯。」

小敏這樣回答：「如果按照我們top10的客戶排名，這次來了八個大咖，分別是×××……其中有六位的發言都談到了我們公司最重點的突破方向，可見我們對客戶需求還是挺有前瞻性的；休息的時候，我和七位老客戶做了交流，對於客戶比較關心的問題記錄了五個要點，全部是售後問題排名top10裡面的，建議公司加強關注；如果按照上半年市場的排名，五大主要競爭對手都來了，A公司和B公司來的都是總監級別，我們下半年多半也是和這五家競爭，得早做準備……」主管一邊聽，一邊微笑點頭。

你倆的彙報水準誰高誰低，誰在主管心中思路更清晰更有條理，已經不言而喻。

為什麼這麼說呢？不就是多了幾個數字嗎？有的新人不理解，就算是工作五年、十年的職場老人，對數字、對可量化思維的重要性也並不清楚。

為什麼可量化思維如此重要

可量化思維之所以重要，首先，是因為人們天生對數字敏感。你說「最近的市場份額我們占壓倒性優勢」，遠不及說「我們市場佔有率高達82.7%，另外兩家只能瓜分剩下的」來得更讓人印象深刻。

其次，數位更具有說服力。二〇一九年初，微信之父張小龍做了四個小時的微信公開課演講，朋友圈都轉發了。其中有一篇廣為流傳的文章，沒有主觀評價，只對張小龍四小時演講裡出現詞彙的次數作了統計——思維模型 0 次、底層邏輯 0 次、商業模式 0 次、認知升級 0 次、流量池 0 次、黑天鵝 0 次……以上二〇一八年年度熱門詞彙張小龍一個都沒說，他說的最多的是——用戶 114 次、朋友 105 次、時間 43 次、希望 37 次、真實 18 次……另外，「底線」這個詞，說了 4 次。

微信的創造者是希望微信成為一款價值觀遠大的偉大產品？還是追逐時髦、吸引眼球、毫無底線地賺取利益？張小龍公開演講使用詞彙的頻率說明了一切。相比其他佔用時間的APP，微信才是真正關心用戶、希望成為用戶的朋友的，是有底線的。這就是可量化思維背後數字的說服力。

最後，只有可量化思維才能滿足商業世界對確定性的需要。大概、差不多、應該是等這樣概略的生活用語會給一項生意的決策、一個專案的執行造成不可接受的模糊性。只有冰冷的數字才能精確反映真相。只有抵達真相，才能帶來商業上的成功。

可量化思維無處不在

有人會建議剛畢業的年輕人要盡可能進大公司，這是因為

在大公司，從入職第一天開始，你就必須把工作成果按照規定流程填寫進一大堆標準化圖表裡。填寫這些圖表有時候真的很煩，但這其實是公司在強迫一個毫無經驗的職場人，學習如何使用可量化的方式來總結自己的工作成果。這是一種職業化的訓練。

就像上面工作彙報的例子，你究竟是給出似是而非的資訊，還是盡可能提供精確數位和對比之後的準確比例？這決定了別人判斷你夠不夠「職業」。

除了工作彙報，員工的能力模型、職責劃分、考評比例，管理者的精力分配、時間管理，公司的戰略規劃、業務演進，所有這些，都得靠可量化的資料來體現。在一架龐大的組織機器裡，量化之後的資料，就像人體的血液一樣，在部門和部門、上級和下級、內部與外部之間，被挖掘、傳遞、匯總、分析，從第一筆生意開始，到最後一筆生意結束，貫穿一個公司的生老病死，也貫穿我們整個職場生涯。

無處不在的資料也要求我們儘早掌握可量化的思維方式，只有這樣你才能真正理解你的工作，理解行業如何演變，公司如何運轉，直到有一天，可量化思維成為你工作的習慣，你工作時就會變得像魚在水裡呼吸一樣自然。

最高級的可量化

別以為所謂的可量化思維就是把數字擺出來統計完。這只

是入門，你的可量化進階之路才剛剛開始，後面還有高階課程。

舉個例子，每一個合格的 HR 應該都知道「1-3-6-12-36-72」這組數據的含義：這代表了大資料統計中，員工的離職月份和離職原因的關係分析。

入職 1 個月內離職，大概是 HR 的原因。因為員工沒有得到 HR 對企業、對公司流程、對工作基本條件的指引；

入職 3 個月離職，大概是主管的原因。主管的工作風格、交流方式乃至人品，都可能導致員工失望離開；

入職 6 個月離職，往往是因為企業文化不合員工心意；

入職 12 個月離職，多半與工作晉升有關；

入職 36 個月離職，更多是因為公司發展不怎麼樣；

入職 72 個月離職，集中表現為個人自身的發展需要，比如離職深造、轉行、創業等等。

看到了吧，這些統計數字可以很好地幫助一個公司分析判斷員工離職的主要原因，對留住員工這項任務更好地加以改進。可量化的資料呈現了現象背後的規律。

再講個最近的事兒。我一位客戶始終打不開市場，不得已空降了一位有經驗的業務總監，當然，薪酬也不低。半年後，他告訴我最近幾次投標打了不錯的翻身仗，全仰仗這位空降總監。他們公司之前價格、競爭資料都有，但一直都沒怎麼用，報價全是靠經驗。這位總監來了之後，除了日常的管理工作，還

分客戶、分對手、分產品、按時間做了好幾個圖表，把對手的報價特點，客戶的中標價格趨勢，講得清清楚楚的。知己知彼，不贏才怪。

這就是我想說的，最高級的可量化是呈現規律、呈現趨勢。已經發生的事情無法改變，但過去的數位可以在一定程度上體現未來的趨勢。如果你的工作成果不光可量化，還能為今後的工作提供有價值的建議，那麼這一個個數字才能真正活起來，這才應該是一份工作在可量化上努力的方向。作為職場人，你才擔得起優秀這兩個字。

學歷家庭都普通
拿什麼實現職場逆襲

　　寫職場文兩年多來，很多人，特別是年輕的職場人，都在問我類似的問題：我中專學歷怎麼和大學生競爭？或者：我一般本科畢業，怎麼和名校畢業生競爭呢？這其實是同一個問題，他們都想彌補自己的學歷弱勢，追上那些遙遙領先的對手。有些人還特別委屈地說：「我的能力其實不弱，為什麼招聘會上人家連簡歷都不要？難道那些名校的學生各個都優秀的能上天嗎？」

　　做為一個名校畢業的碩士研究生，我可以負責任地告訴你：當然不是。

　　寫職場文是我的副業，但在我現在的主業上，如果和清華、北大、復旦、上海交大的畢業生或者和哈佛、耶魯、牛津、劍橋等大學畢業的海歸們面對面討論交鋒，我照樣有信心。

　　我想告訴你的是，學歷弱勢究竟是怎麼回事？還有，家裡沒錢、學歷又低的普通孩子，你該靠什麼逆襲。

什麼是學歷弱勢

我任職過世界五百強企業，也有過一段創業經歷，現在重返職場，是一家公司的管理層。平時，在一大堆簡歷裡篩選人來面試，我大致是這樣看的：如果是應屆畢業生，學歷的重要程度占 70%，社會實踐占 30%；工作五年以內，學歷占 50%，工作經歷和業績也占 50%；工作超過五年，工作經歷和業績占 80%，還有 20% 是其他，學歷幾乎忽略不計。

當然，不同行業和不同崗位的招聘標準相應會有變化。但是，隨著工作年限增加，學歷會越來越不重要，這一點趨勢是不會變的。

為什麼會這樣？因為，你未來的表現會怎麼樣，我只能用你曾經做過什麼來預測。比如你剛剛畢業，我就只能用你讀的是不是名校、有沒有獎學金、社會實踐怎麼樣來預測你以後行還是不行。

另外，你最近做過什麼比你曾經做過什麼更加重要。比如，你讀的高中是全國前三志願，但是你最終讀了個中等大學，我不會因為你是高中前三志願的就覺得撿到寶了，反而會奇怪你的人生怎麼走下坡路，選擇你的時候，也會更加謹慎。

我時間有限，面前簡歷一大把，不可能每個都面試一遍，最好的方法就是直接在招聘的時候設置學歷門檻，這就是所謂

的學歷弱勢。它帶來的後果就是中專生的職業起點相比本科生確實要低，普通學校畢業生的職業起點不如名校生。這是你必須接受的現實，下面講我的建議。

股神巴菲特的老搭檔查理說過一句話：「反過來想，總是反過來想。」在思考許多重大問題時，我常常用這句話來提醒自己。那麼，我們討論普通人逆襲戰勝學歷弱勢這個話題，反過來想就應該是——具有學歷優勢的精英們都有什麼弱點？

我的三個答案是：因為有學歷加持，他們自我感覺良好，所以精英們往往不接地氣；因為學歷優勢，他們占盡眼前利益，所以精英們往往不願意冒險；因為選擇太多，算計太精，所以精英們往往不夠忠誠。

我加上「往往」，是想說普遍現象，不是所有精英都如此。而這三點，就是普通孩子的機會。

活得好不好，就看你接不接地氣

二〇一九年，科技類巨頭亞馬遜宣布退出中國。

二〇〇四年，亞馬遜收購雷軍創辦的卓越網，使卓越亞馬遜成為中國唯一可以和當當網抗衡的電商網站，那時候，像淘寶、京東都只算是小打小鬧。

二〇一九年，亞馬遜中國的市場占比已經下降到可憐的0.6％。行業人士指出，亞馬遜的失敗操作之一就是對中國市場

瞭解不夠。換句話說，就是不接地氣。比如，亞馬遜網站的頁面設置、購買流程完全複製亞馬遜美國，並不符合中國人的習慣。像「雙十一」、「六一八」這種電商最佳銷售日，亞馬遜也沒什麼反應。

相比之下，小小的騰訊在兩千年發展初期，考慮到中國用戶個人電腦普及率非常低的特點，特意讓使用者資料可以在伺服器端下載，而不是存儲在終端，這使得 OICQ（即 QQ）迅速普及，最終成就霸業。

這兩個小故事說明，只要接地氣，小小的本土公司也能一點點成長起來；如果不接地氣，再厲害的外企也很難活得下去。我們職場人更是如此，活得好還是不好，就是看你接不接地氣。

我之前和一個供暖公司有過合作，他們負責冬天給居民樓供暖氣。公司老闆給我講了一個小故事。

一個二十多年的老小區裡住著很多鰥寡老人，有戶人家一直打電話來投訴，說是屋裡溫度太低把老人都給凍壞了，於是公司派了一個本科學歷的員工去瞭解情況。這個員工排查了樓上樓下兩家的情況，又進屋摸了摸暖氣片，溫度挺高的，就說不是供暖公司的問題，是對方「要求太高、沒事瞎折騰」。結果，不光他被轟出來，那家人投訴得更厲害了。

第二次，他們派了一個剛畢業的、只有中專學歷的小姑娘去。小姑娘待了一個下午，投訴就撤銷了。原來，小姑娘去了

先聊天，一邊聊一邊看，發現那家的老頭子喜歡抽煙，一抽煙就開窗戶，屋子裡暖氣片就算溫度再高，哪經得起老開窗戶呢？正好老人的兒女過來看望父親，一看室內溫度這麼低，直接就投訴了。老人喜歡熱鬧，巴不得家裡來人，所以也不跟兒女解釋，只悄悄一個人嘿嘿地樂。

後來，這個只有中專學歷的小姑娘成了本科生的上級。每次路上遇到老頭兒，小姑娘就跟他孫女兒似的撒嬌：「老頭，你就不能少抽點煙嗎？」老頭嘿嘿一笑，開心得不行。

什麼叫接地氣？少一點公事公辦，多一些換位思考；少一點高高在上，多一些打成一片。

落後的一方，就應該主動冒險

我的粉絲有不少出身名校，他們的問題具有普遍性。一個名校出身的孩子，畢業往往就能拿高薪，他們起點高，也總是盯著那些最靠譜的機會，一步一步穩穩當當向上爬，以為自己一路的選擇都是最正確的。直到有一天，公司垮了，部門裁撤了，身體垮了，遇上中年危機了，發現自己就像諾基亞前任 CEO 約瑪·奧利拉說的那樣：「我們沒有做錯什麼，但我們輸了。」

萬維鋼在他的《精英日課》裡，專門談到了《博弈論》裡一個經典論斷——領先者總是喜歡確定的東西。因為他們領先，如果一直確定，就能一直領先；恰恰相反，如果你是落後的一方，

就應該主動冒險。

跟你相比，那些具有學歷優勢的精英就是領先者。人家出身於好學校，受公司重用，那麼一旦有擺明的好東西，按照強者恆強的馬太效應，好東西就一定會落到他們的身上。而你呢，只能在一旁空空看著，長此以往，差距越拉越大。

所以，你的注意力一定要更多地放在那些別人還不屑關注的事情上。一個空白市場前景吉凶未卜，你不如跳進去探探水深水淺，情況可能並不像人們擔心的那樣差勁；一個任務吃力不討好，別人都躲著，你不妨試一試，說不定可以和某些重要人物產生連結；厲害的大公司進不去，不要緊，去試試和這些公司有業務往來的小公司，迂迴接近，先做一個旁觀者；新興行業正在野蠻生長，比速度，比力度，比靈活度，唯獨不比學歷，你為什麼不考慮去試試？

就像大家一起排隊，別人排在隊伍前面，你在後面，你的注意力就要放在旁邊的窗口。一旦新視窗有了動靜，排在前面的往往猶豫不決，你就該趁機切換位置，都已經光腳了，還擔心失去什麼呢？

你不是沒優勢，只是沒看到自己的優勢。你也不是沒機會，只是自己沒去找。不要用你的軟肋去碰人家的刺刀。

越往上爬，忠誠就越重要

我想說，在職場上忠誠一直是剛需。忠誠不是要你盲目追隨，而是要給對方一個互相理解的機會。真正帶兵如子的管理者，每一個都求賢似渴，而且心懷愛惜之情。

職場戲《都挺好》裡的蘇明玉，就用她的經歷回答了職場上的一個重要問題：能力和忠誠，哪個更重要？當然是忠誠。

說句扎心的，如果你還沒有意識到這一點，是因為你的能力還不夠，層級也比較低。做為一名管理者，我負責任地告訴你：當你越往上爬，在上司對你的要求裡，忠誠就變得越發重要。

蘇明玉被蒙總慧眼識珠帶入職場，從最底層的業務幹起，一步步升到業務總經理。蒙總病危時，她把自己職業生涯的安全放在一邊，挺身而出成為中層的核心，保全公司在兩派高層互鬥時不成為犧牲品。為了探聽蒙總病情，也是為了確保公司的前途，她冒著生命危險，踩著四樓外牆的窗沿一步步摸到了蒙總的病房。

面對同事也是朋友的柳青，蘇明玉說：「我必須替我師父守住他幾十年的心血。」像這樣的員工，老闆不感動、不放心她，那就是良心被狗吃了。

相比起師範學校畢業的蘇明玉，名校畢業的精英們要精明

得多，反正他們有名校光環，光鮮亮麗的簡歷讓他們有的是地方去，所以他們跳來跳去，成為一個心裡全是算計的理性人。

人們常說，選擇比努力重要。精英們挑來選去，是因為他們有得選，但是他們的選擇卻可能會成全沒得選的普通人。

人們也常說：「小勝靠智，大勝在德。」對我們職場人來說，智就是你的能力素質，體現出你能為公司創造什麼。德呢？就是忠誠。

如果你有幸遇上一個「蒙總」，那麼你是做一個給多少錢幹多少活的職業經理人柳青呢？還是做一個讓老闆不光認可你的能力還信任你的蘇明玉呢？這才真正決定你的職業生涯可以走多遠。

學歷很重要，重要到我們奮鬥十多年，只為了那一頁薄薄的證書；學歷也沒那麼重要，我們畢業之後，才真正開始在社會這所大學裡，繼續深造，繼續成長。

人生漫長，漫長到你的任何一個優點或者任何一個缺陷，都會在歲月的光影裡慢慢放大或者縮小。所以，你不必妄自菲薄，雖然道阻且長，只要找對方向走下去，路必然越走越遠，越走越寬。

技術路線和管理路線
你該怎麼選

「格總，我該走技術路線呢，還是管理路線呢？」這個問題在我後台出現的頻率特別高。

我高中分在理科班，大學就讀於理工科學校，學的也是非常硬的通信專業，畢業以後去了華為公司。本來按這樣的理工科出身，不出意外我應該成為人家常說的技術男，偏偏我進入職場慢慢做到了管理崗位，也有好些年頭了。所以，我對這個問題特別感慨。

都說我們的人生其實就由那麼有限的幾個選擇決定的。走到職場的分岔口，誰不在意自己的選擇是對是錯呢？今天就來聊一聊，所謂的技術路線和管理路線究竟意味著什麼？你該如何選擇？

一個華為老專家的故事

先聊聊技術路線吧。很多年前我還在華為海外市場。有一

次，一家歐洲的跨國運營商收購了當地一家私營電信公司。歐洲人對技術確實很有鑽研，要求也很嚴格，新上任的 CEO 要求我們做一場技術交流，詳細介紹該國通訊網路的情況。公司很重視，派了一個老專家和一個助手來現場，這在華為內部是慣常做法。

做為專案負責人，我請他倆吃飯，專家矮個子，背一個雙肩電腦包，背有點駝，說話慢條斯理，細聲細氣，一副怎樣都行、都無所謂的樣子。用現在的話說，就是比較佛系。

當時華為已經十萬多人了，我一問專家工號才三千不到。華為是有工號文化的，工號越小當然越有資格得瑟，可人家對我這個工號排到了幾萬、進公司沒幾年的新員工特別客氣。坦白講，我對他的技術能力是放心的，但用英語溝通這件事，一開始我心裡還是擔心，畢竟你技術再好，如果口語結結巴巴的，溝通不順暢那也是白搭。專家很淡定，輕輕地說：「英語沒問題」。

果然，那天的技術交流會成了他一個人的舞臺，他從早上十點開始一直交流到下午五點。自由交流環節，幾個歐洲人圍著他嘰嘰喳喳聊個不停，從網路聊到專利、標準，甚至技術演進那些幾十年前的歷史。

我和兩個業務還有當地客戶都覺得索然無味，反正聽不懂，就走出會議室去抽菸。最後的效果，自然是客戶滿意，我們滿

意，總部也滿意，大家都滿意。

搞技術，說到底是自己和上帝的對話

這位專家的工作很辛苦，雖然他是技術大家，但對工作從來不掉以輕心。為了這次交流，他在國內已經把交流內容翻來覆去地研究過好多次了。飛過來後，我和幾個同事輪番上陣，把幾個重要客戶的關注點一一做了介紹，老專家光是做正式的模擬宣講就做了三遍，好幾個晚上都工作到淩晨一兩點。

當然，在華為沒有人不辛苦，但是你要問，他工作開不開心？他親口告訴我，他是真的開心。

在華為，有很多很多這樣的技術專家，在某個領域有十多年甚至幾十年的造詣。從類比通信、數位通信到今天的互聯網、移動互聯網，華為經歷過不止一次技術變革、行業週期。這讓這些專家對行業歷史、技術演進的理解像自己的掌紋一樣了然於胸。再加上一路征程國際化，他們雖然英語口音依然很重，但早就已經在把英語當作工作語言使用了。

最重要的是他們對技術的癡迷。這有點像武俠小說裡那些視武功如命的頂尖高手，他們一心一意想奪得武功秘笈，固然是為了稱霸武林，更多的還是因為單純喜歡。這些專家也是這樣的，技術就是他們的孩子，是看著一天天長大的。他們生活很平淡，有些小愛好，跑步啊，釣魚啊，看看書聽聽音樂啊，

跟普通人沒什麼區別。但更多時候，他們坐在電腦前，待在實驗室，一待就是一整天，超時工作是常態。此外，華為內部還有一個說法叫作「封閉開發」，重大緊急的專案來了，員工幾十天吃住在公司，連家都顧不上回。

如果你說你想走技術路線，這當然很好。只是，你對技術有多癡迷呢？當你全身心投入鑽研時，能感受到那種發自內心的渴望嗎？當你聽說哪裡有新技術新產品時，心裡會湧起那種孩子般的好奇嗎？當你把手頭的活兒一點點打磨，能感覺到那種和上帝交流、臻於至美的愉悅嗎？

搞技術，說到底是自己和上帝在對話，你要足夠敏感，足夠細膩。你的樂趣來自對打磨產品這個事本身的熱愛，來自你的創造力有地方安放。

我是如何下決心走管理路線的？

這麼來看，做技術的確不太需要考慮別人心裡的想法，「我跟上帝的對話，你們凡人怎麼會懂？」這也是做技術的人常給別人留下情商低印象的原因。

我倒覺得，不是他們情商低，而是他們覺得和人溝通根本不重要。所以，想跟搞技術的人溝通，你就得學會使用他們的交流方式，你得容忍他，讓他發揮他的天賦和才能。就像人家評價《鐵達尼號》和《阿凡達》的導演詹姆斯·卡麥隆，說他

是那種「懂得如何與穿白大褂的人（技術專家）交流」的人。

你看，一不小心我就說到管理了，因為溝通交流是管理的核心能力之一。現在我們聊聊管理路線。

我先講講我是怎麼從一個理工男慢慢成長為管理者的。這其實是一個悲傷的故事。我高中時是學霸，進了大學才發現自己是個學渣。像北京理工大學這樣的學校對玩技術玩得不好的人一點都不友好。大學四年，我拚死拚活上自習才終於拿滿學分畢業，因為找不到好工作逼著自己考研。考研的苦考過的人都知道，但我最不怕的就是吃苦，最後居然考上了。

但我知道，事情並不對勁，於是本科畢業那個暑假，我去中關村做了兩個月的櫃檯銷售，體驗真實社會之後開始讀研。

比起本科，讀研更辛苦。研究生課程有一門數學課，叫作《應用泛函分析》，這門課是幹什麼的呢？百度百科對「泛函分析」的解釋是：「它是研究拓撲線性空間到拓撲線性空間之間滿足各種拓撲和代數條件的映射的分支學科，運用幾何學、代數學的觀點和方法研究分析學的課題，可看作無限維的分析學。」你看不懂了吧？看不懂就對了。可是我不光要看懂，還要學，還要考試，而且還得及格。

當我憑著幾乎把複習題背下來的方式，終於拿到六十分，涉險過關時，聽說隔壁有人考了一百分，還是提前交的卷。這就是傳說中的「考一百分不是因為人家只能考一百分，而是因

為卷子上只有一百分的題。」卷子就算有一千分的題，人家也能拿滿啊！

在那一刻，我的心在滴血。我愛技術，但技術不愛我，就像單戀了十多年的女孩子，最後人家跟你說，你是個好人，但咱倆不適合。做為一個從小對自然科學頂禮膜拜的小朋友，我終於對自己走技術路線徹底死了心。也是在這個時候，我開始一天又一天找人喝酒，跟同學，跟導師，跟師兄師姐們聊天，一晚又一晚孤獨地痛苦思考，自己何去何從。

研究生最後一年，我一邊準備畢業答辯，一邊找了一大堆有關銷售、管理類的書來學，下載了一大堆課程和影片來看。我還一本書一本書地記筆記，哪怕沒有考試，也不用修學分。

在周圍一幫玩技術玩得夠嗨的同學中間，我是個異類，不敢也不好意思跟人說。那個時候我就篤定，如果今後想混出個樣子來，只有「管理」這條路可以走。

然而，沒有誰會平白給你管理崗位，那麼，就從銷售開始吧。最後研究生畢業參加工作面試時，當大多數同學都只有學生會活動可以聊一聊時，我卻能拿出中關村那段實戰經歷，講得周圍人一愣一愣的。

於是我順利通過五輪面試，進入華為從業務做起。

管理到底是幹什麼的

再後來，我離開華為，到現在已經換了三個完全不相關的行業，在民企、國企都做過管理層，途中還創業了一把。現在，我對管理的理解比起研究生時期不知高出多少個段位，但那個時候的我就已經在為今天做準備了，不是嗎？

來，現在我們聊聊所謂的管理意味著什麼。管理學之父彼得·杜拉克對管理有一個很精確的定義——管理就是界定企業的使命，並激勵和組織人力資源去實現這個使命。

這個說法有點拗口，但確實指出了管理和技術完全不同的一點：管理，更多的是通過激勵和組織人來完成事情。相比事，人才是最豐富、最奇妙、最複雜的。管理最難的地方就在這裡，管理的價值也在這裡。同樣一群人，放在你這兒可能是一盤散沙，換個人來管，秒變超能陸戰隊。

如果你決心要走管理路線，現在有一項任務和一群人擺在你面前，怎麼通過他們去搞定這項任務？首先，你得瞭解工作內容，也得瞭解每一個成員。考慮好工作怎麼安排，權力怎麼劃分，如何分錢。你既要考慮他們的安全感，也要激發他們的潛力。其次，還要考慮團隊培養和梯隊建設，怎麼才能有後勁。長期來看，管理者要引導整個團隊逐漸形成良好的氛圍和良性的價值觀，激勵團隊能打勝仗，能打硬仗。

這就完了嗎？這才剛開始呢。為了完成任務，你得學會爭取內部資源，學會處理組織內部的協同問題，把零和遊戲玩成皆大歡喜；你還得瞭解整個行業，學會制定戰略，尋找機會，而不是等著上頭給你安排任務；你還要成為行業裡的專家，注意我說的不是技術專家，而是懂行的行家，在同行中贏得影響力和話語權，引入外部資源；如果組織足夠龐大，你還要留意自己每一個動作都在牽一髮動全身。

所有這些，都非常難，非常非常難。

管理難在哪裡

為什麼難？因為這裡的每一項任務，都需要極強的思考能力和溝通能力。

這個世界上，比馬里亞納海溝更深的，是深不見底、溝壑遍佈的人心；這個世界上，比珠穆朗瑪峰更高的是人的鬥志和情緒。是人的熱愛和執著，是一個人明知道萬劫不復依然頭也不回的決心。

你要思考，去琢磨一個人或者一群人，學會共情，學會站在對方的立場去考慮。同時，你還要隱藏自己的本性，跟各種各樣的人溝通，學會成為他們的朋友，教練，導師，去影響他們，指導他們和引領他們。

我曾經工作過的一家公司，有一次出了安全事故，整整一

個月我都在做善後工作，跟好幾個部門的負責人和員工打交道。那麼多人，我得一個個安撫，一個個打氣，簡直就是居委會大媽附體，整天心力交瘁。沒辦法，承受各種各樣的委屈、快速修補內心，是管理者的基本功，戴著鐐銬跳舞是管理者的天職。

可是，到這裡依然沒有結束。管理最難的還是人格的分裂。

先舉個例子，就拿最常見的裁員來說，你想想，一個善良的普通人不得不手起刀落，裁掉跟自己朝夕相處的同事，裁掉親如兄弟姐妹、一起打過硬仗的戰友，他會經受怎樣的內心煎熬。我承受過，那種滋味真是一言難盡，裁過員的人都懂。但沒有辦法，想成為一個成熟的管理者，裁員是必經之路。

再比如，每一個部門、每一個管理者，都有一個共同的天性——把自己的人搞得多多的，把自己的影響力搞得大大的。但這對組織來說是噩夢。作為一個職業管理者，你必須克服這個天性，克服不了，你就會成為公司的癌細胞。

還有，隨著你的位置越來越高，可以掌控的資源也越來越多，面對的誘惑和威脅也越來越大。該怎麼辦？你必須管理自己，讓天然的欲望和內心的恐懼服從組織需要，要公私分得清清楚楚的，要有智慧，更要有勇氣。

所以，你會發現很多管理者越成功，越是活成了自己討厭的樣子。抑鬱的有，自殺的有，出家的有，亞健康狀態更比比皆是。這些真的是沒辦法的事。

你的一切選擇，都是在回答一個終極問題

那麼，你是該走技術路線呢還是管理路線呢？

我在和員工聊天時，常常說這樣一句話：我們的每一個選擇，歸根結底都在回答這樣一個終極問題——我想成為一個什麼樣的人？你是更願意和上帝對話，在孤寂無眠的夜晚完成傑作呢？還是帶領團隊去享受攻城拔寨的快樂？你是更願意千雕萬刻，在指尖上和天使跳舞呢？還是想爬到山頂，欣賞行業、市場、縱橫交錯的利益格局在你面前像畫卷一樣徐徐展開？

努力固然重要，我也總是在鼓勵大家一定要去嘗試去體驗不同的事情。嘗試的時候，還要非常努力才行。因為同一件事情，努力和非常努力，你的體會是不一樣的。

但我們也不得不承認，人和人真的不一樣。就像我拚死也只能讓《應用泛函分析》勉強及格，有人就能輕鬆考滿分。所以你得認識你自己。我可以把對技術、對管理的理解盡可能清楚地講給你聽，但有沒有感覺你自己才知道。

有人說，工作就是最好的修煉，這句話我很贊同。無論選擇技術還是管理路線，都是一種自我修煉，只是途徑不同而已。到最後，無論是你的產品，還是管理風格，都會留下深深的個人痕跡。

你的產品，或者你的管理方式，就是你向這個世界表達自

己的手段。技術當然是科學，但走到極致就是藝術。管理呢？大家常常說它是一門藝術，但管理同樣是科學，這已經是共識。

那麼，科學和藝術走到最後，是什麼？是哲學。它能回答你如何看待這個世界、如何看待你和世界的關係、你想從這個世界尋找到什麼答案這樣一些問題。

你不得不選擇某種方式，然後用一生來回答。

三步操作
再普通的人也能分享時代紅利

　　三年前，我去普洱市出差，抽空和同事逛了一次茶葉店。我不懂茶，也不想買，去逛茶葉店純屬好奇。我們去了幾家店，售貨員們各個無精打采，直到走進一家小店，售貨員二十來歲，臉曬得黝黑，面對我一大堆入門級問題，他都笑咪咪地耐心講解。

　　生茶熟茶有什麼區別、有哪些禁忌？比如生茶一定不能空腹喝，尤其是血糖低喝生茶會引起身體不適，所以要配方糖；生茶只洗一次，熟茶要洗三次，因為從生茶到熟茶要嘛經過人工加工，要嘛需要六七年自然發酵，灰塵之類的比較多；普洱茶製作有幾個步驟：採摘，萎凋，殺青，揉撚，晾曬，壓餅，這裡面還有哪些注意的點，該怎麼把握；採摘的「一芽二三葉」是指一個芽頭帶兩三片葉子；什麼叫上等生茶的苦盡甘來，和熟茶的口感區別在哪裡。

　　他講得又清楚又有趣，我聽得既輕鬆又津津有味。雖然他

連半句賣茶葉的話都沒有，我還是興致勃勃地買了兩餅他推薦的普洱茶，心滿意足地離開了，臨走還交換了通訊帳號。半年後，一位對茶挺有研究的客戶來我辦公室，品嚐了我從普洱帶來的茶，讚不絕口，一問價格，連連說好便宜。我很高興，就把售貨員的資訊轉給了他。

他叫阿定。阿定在茶葉店打工四年，像我這樣的客戶越來越多，我不光買他的茶，還不停介紹朋友買他的茶，沒有一個不滿意的。後來他離開茶店，靠著自己對普洱茶的專業研究和一大波像我這樣靠譜的客戶資源，創了一個網店專門代理普洱茶銷售，一年有幾百萬收入。

普通人分享時代紅利的三步曲

人際關係大師卡內基說：「成功者，總是不約而同地配合時代的需要。」

在阿定的故事裡，時代的需要是什麼？是像我這樣的顧客買普洱茶嗎？是，但不完全是。答案是我需要買茶，只是我厭煩了被人推銷、被人灌輸，我寧可不喝茶。如果有人給我講講普洱茶的知識，讓我可以放心大膽地買到品質有保障且價格公道的普洱茶，那我一點兒也不排斥。

一天到晚被推銷人員騷擾的你肯定非常認同這一點。阿定正是用他的熱情和專業，外加一點趣味，為我提供了茶葉之外

的附加價值，這才是我買茶的真正原因。

所以，普通人享受時代紅利的第一步是，提供附加價值。附加價值的本質是帶給人安全感。我需要的是茶葉，但同時我更需要安全感，在安全感沒有得到滿足之前，我寧可不買茶葉。這就是阿定與其他售貨員所提供的服務的區別。

但附加價值還只是開始。你設想一下，我高高興興地帶著阿定的茶葉回去，如果客戶告訴我，茶雖好喝就是價錢太貴，我還會繼續買他的茶嗎？當然不會，我只會自認倒楣。

很多從業者喜歡做的事，就是靠著自己的專業和權威說服客人下單，然後狠宰一筆。阿定沒有，他知道賺大錢必須細水長流。這就是他的第二步：建立信譽。信譽的本質是安全感的延伸。

你為自己著想是本能；為每一個客戶、每一個合作夥伴著想才會有信譽。我一介紹，客戶就願意買阿定的茶，客戶信任我，我信任阿定，我們都沒有辜負對方。最後的結果自然是雙贏、多贏，就這麼簡單。

第三步則很好理解：複製。如果沒有網際網路，沒有通訊軟體，阿定也能成事，也能發財，但他不會做得這麼大。網路讓阿定的附加價值和信譽可以得到快速、高效的複製和傳播。這就是時代賦予我們的獨特機會，是你也可以分享的豐厚紅利，但沒有第一步和第二步，這第三步，你根本走不動。

一個月薪八萬的快遞員的故事

普通人分享互聯網時代的紅利的三步是提供附加價值、建立信譽和複製。仔細分析，這三步分別對應的是能力、人品和運氣。

相比別的時代，網路時代的我們確實多了一點運氣，但是能力並不單純指工作能力，還指提供附加價值的能力。這個時代也不要求你人品要多好，道德要多高尚，但是需要你懂得拒絕短期暴利，要有目光放長遠的共贏思維。

最怕的是，你沉浸在每天簡單、機械的工作裡，身體累得要死，大腦卻幾乎空轉，根本沒力氣思考如何才能實現工作的附加價值，為你的客戶、你的合作夥伴提供安全感。更可怕的是你總想著狠宰一筆，不按照細水長流、建立信譽的思路來分配利益、複製成功。

下面，我們來看一個月薪八萬的快遞員的故事。

京東快遞員黃少波的事情曾經在網上傳得沸沸揚揚的。他只是京東物流一名普通快遞員，二〇一九年二月底到三月底的一個月時間，他總件數達到了十三萬件，按照京東的抽成，三月份他的收入竟然接近八萬元。

他是怎麼做到的呢？

快遞這個行業，門檻低、規模大，從業人員素質有高有低，

正常收寄件還好，就怕遇到意外。有時候下了單，沒人上門來取件；有時候寄達時間不保證，急件沒法兒寄；還有時候一直顯示在網站，好幾天沒回應；或者東西還沒收到，就顯示已經簽收……總之各種各樣的問題很多，要是碰到重要的公司資料、合約文件，更是寄得提心吊膽的。

黃少波對待快遞工作總是仔細、小心又及時，非常負責，而且他還有一個獨特的習慣，很多快遞員給企業送快遞都是送到櫃台，而他每次都把老闆的個人件直接送進去，時間一長，他和老闆就熟了。

他不光送快遞效率高，還認真可靠絕不出錯，第一時間遞給老闆而不是讓櫃台轉交，這些都是他提供的附加價值，能為對方帶來安全感。利用這層熟絡關係，再加上京東的價格優勢，有一次，黃少波和對方老闆做了一次深入溝通，爭取到了一個月承攬所有快件的試用機會。在他出色完成試用後，老闆指定把公司所有的發件業務交給他一個人。

這就是黃少波用「質高價低」建立起專屬自己的信譽。

通過這樣的方式，他手裡大大小小的企業客戶慢慢越積累越多，等到媒體開始關注時，他的客戶已經積累了十多個。他說：「平均每個月收件三萬，月收入最少一萬多，春節期間我負責的企業單量猛增，每天光發件就要四五輛車，收入一下子接近八萬元。」

這就是複製。

成功者，總是不約而同地配合時代的需要

最後，我們再一次重溫卡內基大師的那句話——成功者，總是不約而同地配合時代的需要。

請你從阿定和黃少波的故事裡走出來，站到更高的位置，重新回答剛才的問題：什麼是時代的需要？看起來，人們一直需要的是吃穿住用行。但實際上，這個高速發展、競爭激烈的社會背後，人和人、人和組織、組織和組織之間越來越缺乏安全感。誰能為別人提供，而且必須是可靠、持續、大範圍地提供這種安全感，誰就能滿足時代的需要。

這樣的人不成功，誰成功？所以，不要總是抱怨累一天都沒時間看書，抱怨公司把人變成了螺絲釘，抱怨爸媽沒給你一手好牌。好牌就在那裡，你去摸了嗎？你不摸，拿什麼來打？

熟悉時尚潮流、穿搭風格的商場導購；接受過兒童心理教育培訓的籃球教練；瞭解各國風土人情，精通各類代購、退稅流程的導遊；熟悉大學生心理、PPT 顏值一流的高校老師；接受過系統培訓人體工程學、環境心理學的民宿老闆……還有像我這樣，從就職世界五百強到個人創業、到公司管理層，現在每週固定輸出兩篇職場文章的作者，你覺得我們這樣的人還會擔心失業？還會有那麼多職場危機？中年焦慮？

時代發展如列車飛馳，滾滾向前，如春筍拔節，肉眼可見。那些只是用腳奔跑的人無論他們多麼努力，最好的情況只是停留在原地。

我真心希望你能完成一次思維方式上的基因突變，讓自己生出翅膀或者在背後裝上火箭推進器。我希望你能完成進化去分享這個時代豐厚的紅利，而不是依賴本能，在日復一日的困境裡慢慢失去作為一個人最寶貴也是最高貴的特權——一個是思考，一個是信念。

chapter 5

給自己一個好人緣，
輕鬆行走職場

混職場就是拚刺刀
無招勝有招

自從開了粉絲群，人們總是前來諮詢職場問題，其中有一類特別普遍，就是和人打交道。其中，最常見的問題是對方太強勢，不講道理。主管、前輩甚至同一個部門的夥伴都有可能是這樣的。很多前來諮詢的粉絲都善良得事事被動，處處忍讓。

混職場，身段柔軟一些是有好處，但是就像人們經常說的，你的善良要有鋒芒。沒有鋒芒的善良，就像你臉上寫著幾個字：任君宰割。

下面我就來教你怎麼有鋒芒，準確地說我來給你遞兩把刀子。這兩把刀子是兩句話，我教你怎麼用，至於敢不敢用，看你自己。

第一把刀：還有嗎？

大家不要小瞧這平淡無奇的三個字，這是談判的一個常用技巧。比如，對方拋出來一個苛刻的條件，你不正面回答，而

是問他：「還有嗎？」注意聲調不要下沉，要往上，帶點挑釁。

這樣提問會打亂他原有的節奏，對手要是沒經驗，要嘛會把其他條件一個個列出來，要嘛會說「沒了，就這個」。

這句話的奇妙之處在於局面主導者的切換。「還有嗎？」一說出口，表現出的既不是弱者「為什麼是我」的無奈，也不是「我怎麼知道」的忙亂，而是強者對於局面的掌控。力量可以弱，但氣勢不能輸。

我舉個例子。你去參加一個面試，本來你是弱勢的一方，回答完所有問題後，你微微一笑問：「還有嗎？兩位還有什麼問題嗎？」這句話的潛台詞是「好的，現在輪到我出招了」。這是強者才有的自信。

這三個字不光適用於職場，也適用於任何需要你燃起鬥志的時候，因為你最大的一個對手叫作生活。生活給你製造了一個麻煩，接著又一個麻煩，又一個，再一個，你怎麼辦？我會把麻煩一個個寫下來，然後問一句：還有嗎？就這些？

第二把刀：那又怎樣？

用「還有嗎？」打斷對方節奏，等對方說完，你該怎麼回答呢？亮出第二把刀，說四個字：「那又怎樣？」這句話傷害性很大，侮辱性很強。

我們模擬一個場景。你是剛入職的小白，公司有個老員工

特別喜歡指使新員工做事。

老員工：「小張，我中午要休息，你下樓吃完飯別忘了幫我帶個便當啊，回頭給你錢。」

你：「還有嗎？」

老員工：「哦……便當我要豬腳飯，沒有就別的。」

你：「還有嗎？」

老員工：「你什麼意思，你……你是不帶是吧？」

你：「那又怎樣？」

「那又怎樣」出口就是翻臉，意思是「我今天就不講道理了，你能把我怎麼樣？」說這話最好挑人不多的時候，這樣他不會沒面子，更好下臺。我們挑釁是為了保護自己，不是為了魚死網破。

「那又怎樣」的神奇之處在於你告訴所有人，面對任何糟糕的情況你都不鄉愿不卑微。生活才是你最大的對手，我就用這句話來還擊生活：面試失敗那又怎樣？我照樣繼續投簡歷；工作丟了那又怎樣？我還可以再找；失戀了那又怎樣？還有朋友陪我喝酒；朋友都不理我了那又怎樣？我一個人跑步看書就是。

記住了，逆來順受是弱者的墓誌銘，拚死反抗是強者的通行證。「那又怎樣」應該成為你的口頭禪。表示你不害怕失去，「我本來就一無所有，大不了從頭再來好了！」

這樣的人，沒有誰可以打敗的。

你太弱，職場就是屠場

最後，我想問兩個問題：一個人的性格是不是天生的呢？我覺得是。但是性格中的某些特質是不是就改變不了呢？我覺得不是。人畢竟不是動物，我們有主觀能動性。你知道自己性格的缺陷，因為這個缺陷吃過虧、受過辱，你就一定要改。向已經解決了這個問題的人學習，把別人的行為習慣學過來，練習再練習，直到成為肌肉記憶。

我說的肌肉記憶，不光是嘴巴說出的話，還有思維慣式。大家不妨好好揣摩一下。特別是性格比較軟弱的人，找兩個朋友互相練習，過過招，說出這兩句話。這種主動出擊、主動挑釁、主動刺破人際關係傷口讓膿水流出來的勇氣，要成為你做為強者的起點。職場如戰場，你太弱，職場就是屠場。

文明社會的交鋒，往往在電光石火幾句話裡，大家就捅過刺刀了。而且，越往上走對手越強，你只有在下層練習得足夠多，到了上層才能知道怎麼應付。哪句話該說清楚，哪句話該含糊，哪句話好像什麼都說了又好像什麼都沒說，混職場就是捅刺刀，但是無招勝有招。

當然，不是你的不要眼饞，該是你的撕破臉面搶回來，哪怕不成功也要讓對方掉一層皮。被人逼到牆角才魚死網破，雖然可歌可泣，但毫無意義。

無能的人說話囉哩囉嗦
厲害的人話從來不多

　　如果我們設一個投票，選人和人相處最痛苦的十大時刻，我不敢說這項能得第一，至少也能排進前三，那就是：對方說話囉哩囉嗦，而你毫無興趣。

　　海明威說，我們花兩年學會說話，卻要花六十年來學會閉嘴。我覺得，有些人一輩子都在學說話，而且一邊學一邊把周圍人當陪練。

　　最誇張的一次是許多年前我參加一個行業論壇。論壇一般都非常高級，還有茶會，一幫互不相識的人交換個名片，假裝對彼此好奇。我端著咖啡坐在一位大哥旁，旁邊還有一位女士。這位大哥，如果聊聊技術前沿或者介紹產品，哪怕聊聊新聞，我都覺得沒問題。可他偏偏聊他剛上班時的經歷，幾十年的當年勇一個人不停地說，沒重點也沒笑點，極度無聊。我是個小白，不想聽，又不好意思起身走，倒是對面的女士看起來還挺感興趣，邊聽邊點頭，時不時還哈哈一笑。

等到茶會終於結束，會議開始，我和那位女士起身往大廳裡走，走到門口，她忍不住朝我甩過來一個白眼：「他怎麼這麼能講啊！」問題是，我和她根本不認識，她這是有多難受才會向一個陌生人吐槽啊。

混得差的人，才喜歡自己說話沒完沒了

現在只要我碰到有人一頓狂講，根本不在意別人願不願意聽時，我都會禮貌地頻頻點頭，並在心裡稱讚：「你怎麼這麼能講啊？」這樣的人一點都不少。為什麼他們喜歡說個沒完沒了，根本不在意別人呢？

我覺得，第一是因為快樂。不停講話其實是一種自我展示，展示自己的經歷、優勢和見識，然後在人家貌似專注的傾聽裡獲得一種虛無的快樂。這種人一般都混得很差，當然像一些必須靠講話來傳遞想法的人除外。他因為混得差，平時講話沒人願意聽，所以逮到機會就不停地講。問題是，別人憑什麼要花自己寶貴的時間來成全你的快樂呢？

第二，尋找存在感。特別是在那種大家初次見面的場合，彼此不瞭解，你聊一點自己的事不是不可以，但是要注意分寸，給別人也留點說話的時間。這種人大概覺得，如果話說少了就沒把存在感刷夠，不管什麼話題都要插嘴，說點有的沒的，而且他們的廢話還特別多，往往是些沒什麼營養的個人經歷。

講個故事吧。有個人覺得自己演講很厲害,但人家告訴他,跟蘇格拉底相比,所有人的演講都很差,於是這個人找到蘇格拉底講了一大段,說:「我可以交學費,請你教我演講吧。」蘇格拉底說:「可以呀,不過你要交雙份錢。」那人問:「為什麼?」

蘇格拉底說:「一份錢是學習演講,還有一份嘛,是學習如何閉嘴。」

厲害的人,都把成長當作快樂

跟囉哩囉嗦的人相反,真正厲害的人話從來不多。我發現一個人越厲害越懂得克制。克制什麼?克制不停講話的衝動。

很奇怪,他們克制自己也是為了快樂。就像我的一位客戶說的,每次他和別人交流總是讓人家多說,自己好好聽著,然後就能從中學到不少東西。他把每一次交談都當作一次學習的機會,在學習中反思、成長、提升,然後變得更厲害。

感受到成長所以快樂,這就是厲害人的邏輯。和那種自己爽就好的快樂不同,這種快樂真的高級太多了。這有點像滑手機和看書的區別,前者是獲得當下的快樂,無所謂收穫;後者是在意自己的長遠收穫,哪怕當下需要克制衝動,需要反人性。

厲害的人在社交中不多說話,保持安靜傾聽也是為了和別人相處。這很好理解,你喜歡說話那你就說,我耐心點聽,因為你開心了,所以你對我的評價也不會差。即使談話對我沒有

幫助，至少，我不會引起你的反感，成為你的敵人。

卡內基有一次參加一個聚會，一位漂亮的小姐和他聊起了在非洲的旅行見聞，整整聊了四十五分鐘，卡耐基幾乎沒有說話。聚會結束時，小姐忍不住跟別人說，和卡內基聊天太有意思了。

厲害的人向下相容，差勁的人被人相容

關於人和人之間的相處，有段話特別有道理。

如果你和一個人聊天覺得特別舒服，那並不意味著他是你的知己，很有可能他只是在向下相容你。因為他的情商和知識儲備都遠遠超過你，所以你拋的梗他都能接住，他誇你你不覺得是敷衍，懟你你不覺得是刻薄。只要他願意，跟每個你這個段位的人相處都能達到這種心有靈犀的程度。

同樣，我也有一段原創的話，建議你抄三遍貼在牆上：如果你和一個人聊天覺得特別舒服，想一想是不是你不停地講，對方只能傾聽？搞不好當談話結束時，你在心裡讚美對方厲害，對方心裡出現的可能是另外一個詞。

溝通不說真實目的
就像睡覺不閉眼睛

　　有人說人和人之間的問題，70％都是溝通造成的。這句話我深以為然。

　　工作這麼多年，我發現任何一個出色的老闆、管理者或者員工，都是溝通上的高手。大家覺得難纏的問題，到了他們這裡不過是幾句話的事情。其中很重要的一點，就是他們會在合適的時候講出自己的真實目的，把許多溝通化繁為簡。那麼講出真實目的有哪些好處呢？

講出你的真實目的，可以節約溝通時間

　　朋友在一家新創公司工作，有一次她跟我吐槽，話題是「最糟糕的溝通可以是什麼樣子」。

　　那天她正忙得焦頭爛額，上司帶著一個人過來，說這是新來的財務，有事找她。她心裡一驚：「哎呀財務來了，難道我的報銷有問題？還是備用金流程沒走對？」兩人進了一間單獨

的會議室。誰知，財務根本沒問她報銷和備用金的事，而是問：「妳能不能給我講講妳現在負責的是哪塊產品？還有流程是怎麼執行的？」

她不敢怠慢，站到白板邊開始一邊畫圖一邊仔仔細細地講解。財務也很認真，開始掏出小本本記筆記。一個講得專注，一個聽得投入，還時不時提問討論，可以說溝通非常成功了。

忙活了一個多小時，終於講完了講透了，兩人也不那麼拘謹了，她終於忍不住問對方：「瞭解這些，你是想做什麼呢？」財務很開心地說：「我需要計算一下你這個產品的預算。謝謝你提供的資訊，非常有用呀！」

朋友「啊」了一聲，皮笑肉不笑地默默回到工位，把一個名叫《產品預算分析 V3.0》的檔案發給了財務。這個文檔是兩個月前她組織部門員工和財務人員一起花了一周時間整理的，也得到了包括 CFO（財務總監）在內的公司高層的認可。

明明張口就能要到的材料，花了她們一個多小時。

朋友一邊吐槽一邊哭笑不得：「我很想罵她一頓，為什麼一開始不直接說目的是什麼？但是我一想，我要是一開始就問她，同樣可以省下時間啊！」我一直以為自己溝通能力很強，現在看來，有些最基本的原則我都沒有掌握。

聽完她的吐槽我也特別有感觸。原來我們一直認為，溝通要講究真誠，也要講究鋪墊、傾聽和給予對方適當的認可。總

之一句話，溝通要講技巧。但是，有一個最基本的溝通原則常常被我們忽視：讓對方明白自己的真實目的。

溝通不說真實目的，就像睡覺不閉眼睛，無論你怎麼使勁都是白費功夫。往往忙活了半天，沉浸在「溝通順暢」的錯覺裡，互相都在耽誤對方的寶貴時間。

講出你的真實目的，喚起對方的同理心

我之前在一家公司做業務總監也遇到過類似的事。有一個大專案，我帶著團隊終於吃下來了，到了起草合約的階段，下屬把法務起草的合約發過來，我一看就拍桌子了，上面多了好幾條保護條款，把客戶防得跟騙子似的。起草這樣的合約不是成心找罵嗎？專案還要不要做了？

「沒辦法，開會吧！」果然，兩個團隊在會議室吵了起來，一個個都紅了眼。

業務說：「這種條款客戶絕對接受不了，太傷感情了，人家肯定說，不信任就別跟我合作了！」法務說：「客戶要是不打算違約，幹嘛要怕這些條款呢，萬一違約，這個責任你們擔得起嗎？」吵架聲太大，驚動了走廊上路過的公司老闆。老闆推門進來問清緣由，然後轉頭問我：「客戶關係怎麼樣？」

我說：「客戶關係還不錯，李總也是講道理的人，就是這些條款太小人之心了，人家肯定會牴觸。」

老闆想了想說：「這樣吧，你私下和李總談一談，把法務的顧慮都說出來，既然是講道理的人就該理解對方，要不然，法務的擔心萬一成真了呢？你談成了，我請你們兩個團隊吃飯。」

既然老闆發話，我也不好說什麼。

兩天以後在咖啡館和李總談，我還挺感動的。最後，李總拍著我的肩膀哈哈一笑：「我還以為是什麼大不了的事，把老弟搞得這麼緊張。我認可你這個人，也是真心實意跟你們公司合作，所以加不加那些條款我都無所謂。你能告訴我真實的想法是信得過我，所以我必須得理解你。」

很久以後，我在《沃頓商學院最受歡迎的談判課》裡讀到一個章節，裡面說：「某些時候，直接告知對方你的目的，可以更好地表達你的信任，對方會因為這種信任產生想幫助你的動機。」我覺得這個說法用來解釋那天李總的反應是再恰當不過了。如果我當時選擇了悄悄裝作沒看見，讓法務增加了條款，客戶看到後即便是簽約了，多半也會反感。但是我直接告訴他我的擔心和增加條款的目的，這讓他覺得必須充分顧及我的感受。

直接說出目的可以喚起對方的同理心，讓看起來博弈的雙方站到同一邊來解決問題。

講出你的真實目的，跨越分歧，達成一致

除了節約溝通時間喚起同理心，很多時候講出你的真實目

的還能有效地跨越分歧達成一致。

我上大學那時，有一次學生會組織一場晚會，我和兩個同學被分配去買一些服裝道具。我們在離學校挺遠的一個批發市場轉悠了一下午，找了一家還不錯的商店，但是手裡預算有限，好話說盡了人家也不願意低價賣給我們。

眼看著天色不早了，我們失望地準備往回趕，這時候系裡面一個師姐打來了電話，她聽完我們的情況，簡單指點了幾句。我們返回商店直接告訴店主：「我們這是拿去辦晚會的，可不可以便宜一點，在晚會上我們給你們店做一個贊助廣告？」

店主的反應是：「當然可以啊！你們為什麼不早說呢？」

參加工作後，我聽說了行銷界的一句名言——客戶需要的，不是一把有四分之一英寸鑽頭的鑽槍，而是牆上的一個四分之一英寸大小的孔。我這才懂得，溝通的時候，一定要直截了當把要求背後的目的交代清楚，免得大家在表面的分歧上來回打轉。

當我在職場人的道路上越走越遠時，慢慢發現，並不是所有人都懂得把自己的真正目的講出來。這個時候，就需要有人啟發他說出來。也許，他要的並不是牆上的孔，而是要給孩子安裝一個小書架；也許他要的並不是小書架，而是給孩子一個很棒的生日禮物；也許他想送的不是禮物，而是想告訴孩子，他心裡有多麼愛他。

目的的背後有時是利益，有時是情緒，有時候是心底最真

實的感情。你需要告訴對方你的真正目的，你也要去追問對方的真實目的是什麼。學會這樣溝通後，你會發現其實你想要的和他想要的距離並不遙遠。你會感到和別人相處其實可以更加和諧。你的路才會走得更遠，走得更順。

掌握三大黑暗法則
行走職場不怕坑

今天我們來說說黑暗法則。黑暗法則不是潛規則，潛規則是上不得檯面但在行業內部大家心知肚明的規則。不同行業的黑暗法則是相同的，因為黑暗法則來自人性最幽暗處。

理解人性，理解黑暗法則，我覺得對每一個職場人都是一節必修課。只有懂的人才會跳過這些坑，不懂的人，死都不知道怎麼死的。但我更希望別人的經歷成為你的教材，而不是你的經歷成為別人的教材。

狼吃肉，狗吃屎，不表示狼就可以不尊重狗

很多年前，我的朋友老季還是一個血氣方剛的小夥子，跟著主管做了幾單後有了信心，開始覺得公司裡有幾個人怎麼看都不順眼。比如，有兩個傢伙，一天到晚什麼也不做，大家還對他們客客氣氣的。老季心裡不爽，臉上、嘴上自然就會流露出來，人家對他倒是挺和氣，直到有一天老季被主管叫進辦公室。

原來，那兩個什麼也不做的傢伙其實是大客戶公司某個高管的親戚，算是關係戶。有這層關係在，保證了公司三分之一的業務。

　　我講這件往事，是因為很多職場人和老季一樣是衝鋒陷陣的狼，不懂得為什麼有人會像狗一樣靠吃屎活著。他們不懂得，為組織創造價值從來就沒有單一的方式。像狼一樣高喊口號、衝鋒陷陣，靠打仗搶單，當然了不起；像狗一樣忍受屈辱，為了長期價值犧牲局部利益，靠結盟確保勝利，也值得尊重。關係戶就是結盟。

　　再後來我自己創業，也加入過別的團隊做高管。當我站在決策層的位置去思考問題才更加明白：一個組織永遠都活在它的價值生態裡，打仗爭奪資源當然重要，但要想長久生存，你必須學會結盟。越是龐大的組織，越應該著眼於長遠，在打仗和結盟之間尋找到資源投入的平衡。如果你是一頭狼，卻只知道通過打仗來創造價值，理解不了價值生態，理解不了結盟的意義，那就只能不停地打下去。打下去，才能繼續生存。

　　這就是職場黑暗法則的第一條。請記住，只有對組織有用的人才會得到組織的保護。什麼時候你老了，殘了，打不動了，就是你該離開的時候了。

權力的奧秘，跟職位沒什麼關係

職場新人小文最近升職了，卻開心不起來。她部門有兩個老員工，業務能力不怎麼樣，但年紀比她大，資歷比她深，人脈還比她廣。看著晚輩做了自己的主管，這兩個老員工自然是臉上笑嘻嘻的，但安排的事一點也不配合。小文想求助主管，又覺得這是無能的表現，而且治標不治本。

她面臨的困境是「你有職位怎麼樣，我們就是不聽你的」。這種情形在職場上其實很常見。正式職位尚且如此，更別說有些時候，部門之間臨時成立個專案組，連個任命都沒有，你就得帶領大家幹活。既然有沒有職位都使喚不動別人，究竟什麼才是真正的權力呢？

美國人約翰‧C‧馬克斯韋爾在他的《主管力的五個層次》裡，把主管力從低到高分成職位、認同、貢獻、個人培養和領袖五個層次，其中最低級的就是基於職位的主管力：員工聽話，僅僅是因為他們不得不聽。如果你連職位和任命都沒有，那就什麼也沒有了。這樣的工作氛圍會不會好，管理者能成多大的事，大家可想而知。

我先不談「個人培養」和「領袖」這兩個層面，大部分人其實可以在「認同」和「貢獻」方面做得更好。

「認同」體現在員工和你相處愉快，交流順暢，而且能感

到你對他的尊重。這背後的人性是——人們往往把感性的喜好放在理性的對錯之前。這需要你花時間、花心思和他相處。他喜歡你，認可你，就會聽你的。

「貢獻」則體現在你可以為組織、為部門創造切實的利益。換句話說，就是員工跟著你能打勝仗。他願意聽你的是因為欽佩你，跟著你幹活有信心。這背後，是人對安全感、對強大權威的天然嚮往。

在認同、貢獻這兩點上取得突破，也是我對每一個年輕管理者的提醒。當他們在感情上喜歡你，在業務上敬佩你，在前進的方向上依賴你時，你才能成為真正的主管者，這就是職場黑暗法則第二條。

我們經常說，某人是「天生的管理者」，並不是因為他長得帥、肯花錢、酒量好，而是他在連職位都沒有的時候，就懂得主動理解他人、激勵他人，為人們指明方向，帶領大家打勝仗。「主管力」這三個字的含義，首先是責任，然後才是權力。

你不必補齊短板，但絕不能有致命傷

下面是我自己的一段慘痛經歷，大概是我職場生涯中為數不多的競爭失利。

故事的主角叫老賈。當年，我和老賈競爭一個重要職位，自我感覺贏面還挺大。有一天晚上他找我喝酒，說已經答應了

獵頭的 offer，很快要跳槽去競爭對手公司了，大家場面上是對手，以後還是好兄弟，要好好珍惜。

我太意外也太感動了，心裡甚至有些過意不去，要不是因為和我競爭，一山不容二虎，他也許不需要離開呢？過了幾天頂頭上司請我吃飯，我思前想後覺得事關重大，就把老賈的事彙報了。很快，意外一個接一個地到來：老賈遲遲沒有離開，也沒有任何傳言；競聘結果出來了，我輸了，老賈勝出。

故事講完，現在問你們一個問題：職場上競爭靠什麼？專業能力？理解能力？學習能力？做事靠譜？大局觀？還是別的？這些都沒錯，但都太初級了。當你的段位足夠高時，你的對手每一項能力都不會比你弱。這個時候，高手們比什麼？難道比運氣嗎？答案是：比誰沒有致命傷，誰不會犯錯。

我的致命傷就是「太容易相信別人了」。這種善良的性格來自我的原生家庭。我的父母從來沒有經歷過這樣的險惡，或者說，他們也許經歷過，但沒有從中吸取教訓再傳遞給我，加之我一路走來，雖然辛苦也算是順暢，根本沒有做好承受這種激烈程度的競爭的準備。

這件事只有我和老賈兩個人知道，但當我背著一個為了上位不惜造謠詆毀無辜同事的罵名離開公司時，我什麼也沒說。我不怪老賈，也不怪自己，更不怪父母，所有的經歷都是財富，不是嗎？

我想給你的啟發是：也許你現在身在低位，還在為能力上的短板發愁，但從現在開始，你一定要留意自己的致命傷。它常常來自一個人的品德和性格，而非能力，所以非常隱蔽。

我們常說，一個人越往上走越要懂得自我修煉，為什麼？因為普通人擁有的那些缺陷在你這裡會被無限放大。你擁有資源越多，你的對手就越強悍，他能支配的資源也和你一樣多，甚至更多。你的任何一個缺陷都可能成為致命傷，讓你一擊即潰，倒地不起。

黑暗法則第三條：最瞭解你的永遠是你的對手。你可以有短板，但致命傷不要有。

高情商就是
溫柔善良又不怕硬剛

「高情商」大概是人人都想有的。傳說中，高情商的人內心強大，做人做事有分寸還自帶社交外掛。你面紅耳赤都爭不來的，人家輕飄飄地幾句玩笑話就擺平了。你傻不隆冬地以為談話非常融洽，人家早就發現氣氛不對，包袱一抖話鋒一轉，就能避免陷入大型尬聊現場。<u>情商低，開口就是錯；情商高，不開口都能贏。</u>

那麼，怎樣才能擁有高情商呢？我平時喜歡觀察周圍的人，發現很多高情商的人其實各有各的性格，但下面這五條基本上是他們的共性。這五條操作性特別強，你看完不妨試一試，會發現練成高情商也沒那麼難。

不熟的人，讓他多說

我曾經和一群朋友聚會聊天，其中一個是剛認識的，離開的時候他對我說：「哎呀格總，跟你聊天真是一件愉快的事啊！」

我一邊笑著說：「這麼巧啊，和你聊天我也有這種感覺啊！」一邊心裡想：大哥你當然爽了，從頭到尾都是你在吐槽，能不愉快嗎？

我們都知道，傾訴是人的本能，和不熟的人在一起，你只需要主動問起他自己的事，特別要聊那些他拿手的、得意的事，一般人是把持不住的，會自動進入話癆模式。然後，你只管重複這三句話：「嗯對」「啊？」「哈哈就是就是」，再配上時不時一臉疑惑，時不時恍然大悟一拍桌子，搭配「我怎麼沒想到！」效果更佳。

總之一句話，他來講，你來確認、引導、附和，高情商的標籤你想丟掉都難。

至於和熟悉的人在一起，另當別論。

不吝惜讚美別人，也不非要別人來讚美

有一個讓我痛心的故事是這樣講的：女生約會之前早早起來認真洗頭髮，精心抹上護髮素，塗好指甲油，認真選衣服，化妝比平時更上心，做好髮型，噴上香水……做足準備，只為了見面後，你的第一句話是「你今天好可愛呀！」

但是你沒有。你看她來了，連忙關掉手游，還自以為有禮貌地問：「來啦，我們一會兒吃什麼呢？」高情商的人懂得關注對方，尤其是對方的優點和用心之處，會毫不吝惜自己的讚美。

為什麼有人讓你感覺如沐春風？因為春風讓人舒服。反過來，女生要是沒有聽到讚美是不是就會失望呢？高情商的女生不會這樣做。她會掂量你是不是還有閃光之處，判斷是繼續忍受你這個木魚腦袋，還是看完電影回家給你發張好人卡。

你吝惜讚美人家，人家不會非管你要，換個人來讚美自己就是。

關注那些不被關注的人

上面兩條都是講人際交往的，下面這條不是你做不到，而是你想不到。你一旦意識到了，很容易就能學會。

一位物流公司的區域經理跟我講，如果不是有利益關係，她平時很少主動跟大人物們搭訕打招呼。因為大人物們得到的尊重和關注太多了，他們不稀罕。你的示好不光是徒勞，很可能還是在自我貶低。你的生命也有限，不要浪費在不美好的事情上。

而公司裡的清潔阿姨、路邊發傳單的大學生、奔波在電梯口的快遞小哥、寒風裡擺餛飩攤的中年大叔、剛進公司的實習生……如果你曾經主動和這些很少得到關注的人搭訕示好，他們眼裡的光一定讓你感動過。

一方面，這種感動可以帶給你高自尊心理活動；另一方面，哪怕是從非功利的角度來看，你的善意會大大激發另一個善意，

你是在讓環境變得更溫情、更融洽。當然了，從功利角度看，說不定在未來的某個時刻，小人物也會幫上你的大忙。

高情商有時候要用腦，有時候要用心。

堅持一項非功利的愛好

如果你問我在人生低谷的時候最需要什麼？是朋友，還是家人？我想說，朋友有自己的事，家人也會力不從心，一項非功利的愛好，才是屬於你的。它能陪伴你，幫助你一個人撐下去。就像我一個創業的老哥，他生意滑坡的時候，偏偏趕上了妻子出車禍。站在病房的窗戶邊，身旁是一直昏迷不醒的妻子，債主就在來的路上。他好幾次都想乾脆跳下去一了百了。一次偶然的機會，窗外的梧桐樹引起了他的注意，他心念一動，請護士拿過來鉛筆和紙，一筆一畫地畫起了素描。

後來他說，自從開始畫畫，他每天就不東想西想折磨自己了，真的就是靠這項既不專業也不受關注的愛好，熬過了那些蹲守病房的日子。

按照你想像的版本，是不是他現在已經小有名氣，靠著畫畫吃飯了呢？完全沒有。坦白講，到現在為止，他的畫不過也就比我們普通人強了那麼一點點，不過，那又有什麼關係呢？只要還活著，你就還有機會，還能留在牌桌上不出局。

你看，我們不光要想通一件事，還要去做、去養成習慣，

最好是有癮了，才能讓自己沉浸其中，忘掉俗世煩惱，度過人生難關。

一般不惹事，從來不好惹

我覺得「高情商」被黑得最慘的一次，大概是有人說擁有高情商的人任何時候都不會生氣，和每個人都能和睦相處。請你聽我一句勸，高情商絕對不是「不會生氣」，而是：能不生氣解決的我不生氣；要靠生氣才能解決的，我生起氣來連自己都怕。

平時和鄰居多打招呼，電梯裡多關心關心小朋友，如果樓上下水管道漏了，人家主動來道歉，你不需要生氣；有時候出差，帶點當地特產回辦公室，主動送給每個人，別漏掉嘴巴最損那個，也要記得不怎麼說話的那個；360 度考評出結果要是不怎麼好，你也不需要生氣。

如果有男同事老是鹹豬手，社區的熊孩子總是一腳踹在你新車上，你該發飆就發飆，該吵架就吵架。生氣不是目的，是手段，是為了讓不知好歹的人明白邊界在哪兒，你容忍的限度在哪兒。

有些人特別是有些女生，在內心深處害怕和人發生衝突。其實，你吵一回就知道了，只要你有理有據，衝突沒那麼可怕，甚至吵出成果時你還會覺得很痛快。反倒是你想發火又不敢，

一直壓抑在心裡，會長期處於亞健康狀態，甚至造成心理疾病，你對好人好、對壞人好、對所有人都好，唯獨不對自己好，這不就是搞反了嗎？

　　高情商的人，一般不惹事也從來不好惹，他們的個性是溫柔善良，不怕硬剛。

每一個職場人
都要給自己累積口碑

　　有一次，公司一個離職員工小 Q 給我打電話，說想介紹一個項目給我。

　　這個小 Q 之前在別的部門，業務上和我有過交集，接觸幾次下來，我發現她的能力和職位要求存在差距，很多時候專案組討論，她跟其他人都不合拍。但是做為專案負責人，有一次向大老闆彙報工作，想著女孩子臉皮薄，我給她留了情面，輕飄飄一句話帶過了她的失誤，看得出來，她是明白的。之後，小 Q 跳槽去了行業裡另一家公司。

　　聊到最後，我挺好奇地問：「項目怎麼不留著自己做呀？」她解釋說，這個項目不在現在公司做的細分領域。我又問：「那為什麼要介紹給我呀？」電話那頭，她大概有點不好意思地笑了：「這個項目挺好的，不做可惜了，介紹給別人我又沒信心，我覺得您接過去做成的可能性要大很多，萬一真成了，您以後有了好項目，肯定能想起我來。」

聽她講完，我真的蠻欣慰。一為小 Q 還能記得我這個前同事，專門介紹專案來合作；二為我一直奉行的一點——口碑的作用遠比我們想像的大得多，混職場就是混口碑。

職場是典型的重複博弈，混職場就是混口碑

經濟學上有一對非常重要的概念：單次博弈和重複博弈。什麼叫單次博弈呢？好比在旅遊景點，商家的目標客戶是第一次來當地的外鄉遊客，他們絕大多數人這輩子不會再來第二次。所以，商家面對遊客，拋開道德層面不談，利益最大化的博弈方式就是「一次狠宰個夠」，反正遊客爽不爽也不會來第二次。

不爽的遊客離開，新來的繼續挨宰。要不是有遊客在網上曝光漫天喊價的真相，他們的日子過得舒服得很。

重複博弈呢？你家樓下的麵館就是。不管是口感不佳，還是衛生條件堪憂，或者服務態度太差，任何一點做得不好，這家麵館就別想繼續幹了。因為它的目標客戶是周圍居民，需要回頭客，它是需要口碑的。

職場是典型的重複博弈，混職場就是混口碑。投身一個行業，加入一家公司，進入一個團隊，可不是大家合夥宰客戶，單次博弈幹一票，一輩子就不愁吃喝，而是在給你的職業生涯慢慢積累口碑。你接活挑不挑，出活快不快，人好不好溝通，不光只有直接主管知道。就像那位離職員工小 Q，我只開兩次會，

就能摸到她水準的八九不離十。

至於你公務有沒有私心、品格有沒有瑕疵、性格直爽還是說話陰陽怪氣，跟你在一起待久了，身邊人自然都清楚。哪怕那些看起來和你打交道不多的，就不知道嗎？多半是知道的，只是業務往來不多，人家不說而已。

年終考評、升職加薪、任務分配……主管和老闆考慮來考慮去，他們不光考慮你的業務能力，還要看客戶怎麼評價你，你和同事協作是不是通暢高效，有沒有人對你所謂的優秀不以為然。不信你想想，周圍的同事在你心裡，是不是評價各不相同呢？

這就是口碑。口碑不好，能力再強，主管會用他但是不太敢重用他。而口碑好的人常常是團隊的壓艙石，是公司裁員名單上最不容易出現的人。

每一個職場人，都要多往口碑帳戶裡存錢

口碑聽起來挺虛，看不見摸不著。但是，既然它這麼重要，就有人打它的主意，把它變成一個看得見、摸得著的東西，用在團隊管理和公司運營上面。

我要說的就是「邏輯思維」這家公司，他們制定了一個聽起來很沒有節操的制度，叫作「節操幣」。每個月，每名員工可以獲得 10 枚節操幣，每張幣有對應的面值。有意思的是，節

操幣不能自己使用，必須公開贈予同事，而且必須要說明你為什麼贈予他，比如他溝通態度良好、他幫了你什麼忙、他教了你什麼知識技能……等等，每個月月底，公司會公示當月的「節操王」，看看每個人在團隊協作裡發揮了多大的作用。每年收到節操幣最多的人被稱為年度節操王，可以獲得多發三倍月薪的獎勵。

這節操幣其實就是實物化的口碑。這是每個員工用一張張實打實的選票給公司裡的所有人做了一個口碑排名。這個公開的排名直接施壓給那些在協作態度、協作能力上欠缺的人，他們必須要改進自己，否則就不得不離開。

看到這裡，如果你平時不太注意自己的口碑積累，是不是有點慶幸自己不在這樣的公司？如果這樣想，那你就錯了。你公司的同事，你行業裡的同仁，心裡都有一個專屬你的口碑帳戶。你做事可靠，你幫了他，你對他好……都是在給這個帳戶裡存錢。反之，你就是在透支自己的口碑帳戶。

只不過，跟邏輯思維的節操幣不一樣，這種叫口碑的錢沒有人會拿出來給你看，所以你平時不會知道在別人心中你的口碑怎麼樣，直到某些關鍵時刻。比如人們常說，三十五歲以後找工作，靠簡歷找就是失敗。

不靠簡歷靠什麼？靠口碑。你幫 H 公司搞定了客戶，簽下大單，用不了三天，全行業的新員工都會當你是戰神。你在 A

公司時，背後捅了同事 M 一刀，他的朋友 N 離職後，會把這件事帶到 B 公司說，至於怎麼說，全憑人家一張嘴。

我經常說要拉長時間來看問題，口碑就是一個典型的「長時間維度」。它積存速度很慢，靠你一天天用心，一年年積累，可是失去它卻很容易——某次無心的不負責任，或者一場小意外，都會讓你的苦心經營打水漂。所以，這來之不易的口碑自然寶貴。

那些職場上混得好的人，能力強當然是前提，但是如果你問他怎麼那麼值錢，他會一邊敷衍你，一邊在心裡暗暗得意：「那是，我年薪百萬，二十萬憑能力，八十萬都是靠口碑啊！」

chapter 6

修煉你的心智，無懼困境與危機

即使面對千軍萬馬
你要斬殺的也只有眼前一人

你生活中遇到的那些困難，那些看起來不可能完成的任務，真的有那麼難嗎？其實不是。

熟悉我的人都知道，我大學時英語非常差，四級考了四次才過，六級至今沒過，但是考研英語一次過關。下面，我就從考研時背單詞講起。

單詞怎麼背呢？我在當時是個不自量力的學渣，要面對考研英語的第一個難題。一個師兄跟我講，很多人背單詞記不住，不是因為單詞難背，而是會忘。師兄說，最好的記憶方式是在你「快忘但是還沒有忘」的時候再背一次，你的記憶就得到強化了。一個單詞要真正記牢，需要背七遍。

那個夏天，我把一本 256 頁的單詞書分成 26 組，一組十頁，每頁大概有 25 個單詞。按照師兄的提醒，我制定了一個橫跨三個月的計畫，讓每一個單詞都能被背七遍。

實行這個計畫一開始難度並不大，但是後面逐漸加碼，直

到第 16 天需要連續 10 天，每天背 5 組，也就是五十頁，大概每天要記 1250 個單詞。雖然其中 4 組之前背過，但有些單詞畢竟會忘，得花時間重新記，這就痛苦了。任務量最大那幾天，我從早上背到中午，背到餓得前胸貼後背。

我記得那時坐在自習室，給自己各種心理暗示——加油！背一個就少一個！加油，背一個再少一個！中午時分，食堂都關門了我還在背，沒完成任務就死活不讓自己吃飯。

終於，魔鬼一樣的連續十天背單詞結束後，後面就越來越輕鬆了。三個月後，我最喜歡的遊戲變成了和同學互相抽背單詞，然後輕鬆贏過對方。

完成一件事，其實只需要兩個步驟

總結一下，如果完成一項任務需要管住自己，那其實只需要兩步：第一步，科學地制定計劃；第二步，不折不扣地完成計畫。

這裡只講「不折不扣地完成計畫」。後來，我考研成功、畢業、工作，在很多年後聽到了一句話，是日本戰國時代的劍聖宮本武藏說的：「即使面對千軍萬馬，你要斬殺的其實只有你眼前的一人。」

我當時一驚：這不就是我當年背單詞的訣竅嗎？所以說，大家無法完成難度大的事不是制定計劃有多難，而是看著厚厚

一本單詞書才背了兩頁，你就害怕了；減肥才三天，看著體重秤上的數位毫無波動，你就退縮了。

其實，如果你只把注意力放在「每天做兩組運動，跑三公里」上，減肥目標是很容易達到的。如果你覺得跑三公里很難，不要緊，可以先跑四百公尺。不要小瞧四百公尺，完成它可以給你一種強烈的心理暗示——我可以的！這個心理暗示或者說這種心理優勢，才是你真正的收穫。

有了四百公尺的成功，就可以有五百公尺、一千公尺……十公里，一直到完成馬拉松。

從心理優勢到精神血統

關於心理優勢，再給大家講兩個例子。

第一個例子，是關於美國海軍海豹突擊隊的前任指揮官傑克·威林克的。威林克退役後，有一次在朋友家做客，留宿了一晚。第二天早上，朋友的女朋友發現威林克很早就起床了，一直在看書，因為他實在起太早了，她都不知道怎麼招待他。

威林克後來解釋說，每天清晨四點四十五分起床是他在海豹突擊隊養成的習慣，即使現在已經退役了，他也總覺得世界上某個地方有個敵人正手拿武器等著跟他交鋒。早起，能讓他獲得一種在心理上戰勝了敵人的感覺。這種感覺就是一種心理優勢。

第二個例子是中國女排。看完關於女排的電影《奪冠》後，我和朋友聊起了這部電影。有個朋友說，所有的球隊都以能參加奧運會為榮，因為參加奧運會本身就是一種榮譽。還有一些球隊，她們曾經品嘗過冠軍的滋味，在那以後，除冠軍以外的其他名次都不能被稱作榮譽了。

我一聽就懂了。我完全可以想像，這一批女排姑娘被招進國家隊，看著榮譽室裡擺放的一個個冠軍獎盃，看到前輩們創造的「五連冠」奇蹟和學姊們的漳州基地，她們會怎麼想？「前輩們是冠軍，我們怎麼可以不是呢？」即使拿到了很多球隊夢寐以求的亞軍，她們也只會感到痛苦，感到深深的挫敗，這也是一種心理優勢。這種心理優勢甚至會成為一種「精神血統」。

拿冠軍，而且只拿冠軍，就成了中國女排的精神血統。血統，是可以一代代繼承的。

別人可以，你一定也可以

我講「不折不扣地完成計畫」是想提醒大家，完成計畫的時候不必著急，即使是面對千軍萬馬，盯著「眼前你要斬殺的這一人」就可以了。

人都是血肉之軀，別人可以，你也一定可以。更重要的是，我希望大家可以建立起心理優勢。這個優勢不是你要跟誰比，或者產生什麼優越感，而是要跟曾經的你相比。你要超越自己，

就得努力完成一件困難的事。你完成了，獲得心理優勢，才會有勇氣去挑戰下一個困難，心理優勢才會越來越大，直到融入你的精神血統。

如果把每一天的你看作前一天的你的延續，那麼現在的你就已經繼承了少年時代、青年時代的精神血統，承受過的苦都寫在臉上，戰勝過的難都已經融入氣質。這種人看上去平平無奇，可你和他聊上幾句，就能感受到強大的內在力量。他一旦出手，力道就像千軍萬馬，延綿不盡。

陷入困境
普通人應該怎麼辦

　　有個小夥伴去公司實習，跟不上節奏被辭退了；有個女生，爸媽一把年紀還要離婚，自己夾在中間兩頭不是人；還有一個男生，熱戀期間居然發現還有人在追他女友，心裡很崩潰……我們遇到不順心的事心情自然差，更別說打起精神應對了。

　　那今天我們來拆解一本書吧，就是我最近讀的《逆商》，作者是美國的保羅‧史托茲。我們遇到不順心的事一般都會自我鼓勵，講一大堆名人勵志故事，但熱血沸騰之後起不了什麼作用。而《逆商》的作者保羅‧史托茲就專門研究這種情況，做了一套模型出來，解釋為什麼有人能從逆境中走出來，有人則躺在泥坑裡動都不想動。

　　書裡的模型主要有兩個：一個是逆商的四維度，叫作CORE；另一個是 LEAD 工具。

　　今天先來說說 CORE。

什麼是逆商

在這之前，我先說說什麼是逆商。

保羅‧史托茲講了一個例子。大家都知道所謂全球四大最厲害的會計事務所，其中有一家叫「德勤（DTT）」。

德勤這種大公司層級森嚴，精英雲集，做得夠好才能晉升為合夥人。這個公司選拔合夥人的最後一關設計得十分巧妙，或者說十分刁鑽。他們把六到八個人分到一個團隊，給每個團隊定一個課題，然後讓他們在短時間內制定策略、收集資料，最後做一個報告出來彙報。精英們一直做到最後一個通宵，離截止時間只剩兩個小時的時候，所有人都已經心力交瘁，累得要死。這個時候，會有一個大主管走到這個團隊面前，宣布一個新消息，讓他們之前所有的努力都白費。

看出來了吧？課題什麼的都是幌子，真正的考驗是這個。

他離開後，有人當場就崩潰了，開始抱頭痛哭；有人會憤怒地摔杯子；還有人會一直發呆，不願意接受現實。

場外的大螢幕上，主管把每個人的表現都看得清清楚楚。這裡面，只有極少數人會迅速冷靜下來鼓勵團隊，引導大家抓緊時間調整方案來適應新情況。最後，這種人會勝出成為合夥人。

這種考驗方式考的是專業能力和行業經驗嗎？能走到這一步的全都是精英中的精英，根本不缺能力。它考的就是逆商。

書上是這樣說的：「德勤意識到，在持續不斷的逆境面前，只有那些仍能堅持不懈、創新並始終堅持的人才會獲得成功。」

下面進入正題，講一下 CORE。遇到壞事了，你應該怎麼思考？

逆商，首先是掌控感

CORE 的第一個字母 C 指的是 Control，意思是「掌控感」，即你要堅信什麼事都難不倒你。這有點像中國脫口秀演員楊笠說的：「明明那麼普通，卻能那麼自信。」這話雖然是在諷刺男生，但我一直都在講，不管男女都要這樣，你哪怕普通也要自信。大多數人都想：「我太普通了，所以我不可能獲得自信。」如果你要獲得掌控感，就要反過來想：「自信不需要理由，只有先有了自信，我才可能變得不那麼普通。」

說到掌控感，我職業生涯中遇到過一次跟德勤考核幾乎一模一樣的事。我那時還年輕，當場就現出原形了。

那次我們在華為海外投了一個標，標很大，接近三億美元，而且戰略意義重大。總部專門派來一個投標經理，據說經理經驗非常豐富，負責組織我們幾個報價，還指導著整個項目組二十多人。大家連續奮戰兩個月，直到最後一個通宵。凌晨四點了，還有一個多小時就要列印標書了，這時有人忽然發現總表價格和分表價格居然對不上！按照投標要求，這是要廢標的。當時

我一聽到這個消息立刻崩潰了，腦袋裡就剩三個字——完蛋了。別說丟標，連辭職我都開始考慮了。

投標經理是個姊姊，她把我們幾個叫過來說：「嘿，不要緊張，我之前遇過比現在更糟糕的情況，照樣能搞定，所以你們要相信我，也要相信自己。來，我們分一下工，重新把報價檢查一遍，肯定能找出問題來！」

我們聚集在一個屋子裡，手機關機，不准說話，屋裡只有滑鼠聲和敲鍵盤聲，大約用了半小時就找到錯誤了。

我剛才寫的那段話幾乎是投標經理的原話，因為她對糟糕局面的那種「不由分說」的掌控感給人印象實在太深。現在遇到麻煩，特別是要救火的時候，我都會去廁所用冷水洗個臉，讓自己清醒一下，「事情肯定還有挽救的餘地，來來來，看一下還能再做點什麼。」

逆商，還有擔當力、影響度、持續性

CORE 四維度的另外三個，分別是擔當力（Ownership）、影響度（Reach）和持續性（Endurance）。

擔當力，按照《逆商》中的說法，就是「你在多大程度上能擔起責任，改善現狀，不管起因是什麼」。我覺得這句話的精髓，在於「不管起因是什麼」，這事兒哪怕不是你的錯，但只要影響到你，你就得把它擔起來，而不是抱怨、委屈或者責

怪其他人。一句話：除了講對錯，還要講結果。

我一個朋友就遇過這種事，他有一次剛搬進租屋處住了幾天，換鎖師傅和房東就在家門口吵起來了。師傅說鎖有問題，裝不了，收上門費一百塊；房東說鎖是你弄壞的，沒讓你賠就不錯了，上門費免談。他在屋裡隔著門，吵架聲還是很大，大廠的視訊面試馬上要開始了，真是要命啊，怎麼辦？

他自掏腰包把兩人打發走了，沒耽誤面試。你說這不傻嗎，這一百塊跟他一點關係都沒有，憑什麼要掏？他的想法就不一樣，他說：我相當於多掏一百塊，買了個年薪幾十萬的好工作，很划算。

這就是擔當力。

至於影響度和持續性，就是你要去判斷，這件不順心的事的影響範圍究竟有多大，會持續多久？千萬不要誇大。

主管批評你，就是一次批評，你表現好了他也會表揚；車子被貼罰單，罰你兩百元就認罰，用不著跟警察記一輩子仇；工作丟了就丟了，就是一份工作，這個職位本來你也沒多喜歡。哪怕跟伴侶吵架，也不代表生活會四分五裂。

另外，也不要給自己貼標籤：哎呀，我就是有拖延症；我就是記性不好，這是遺傳我媽的；我沒有學習的基因，特別是理工科；我們家都是三分鐘熱度，我也沒辦法。貼標籤就表示你已經認命了，你都認了，能改變才怪。

不要用一個早晨的挫敗毀掉一整天，不要因為一年兩年的低谷就否定自己一生。

逆商的根本，是要學會情緒控制

掌控感、擔當力、影響度、持續性，我看這所謂的四維度其實也沒那麼玄，有些道理你可能聽過，只是不一定這麼全面且有操作性。

那為什麼還是有人逆商低，遇到事容易犯傻呢？就像爬山的時候，你忽然失足掛在半空的樹枝上，樹枝吱吱呀呀響，隨時會斷裂。恐懼、驚慌、錯愕，你一掙扎，結果本來還能撐幾分鐘的樹枝幾秒鐘就斷了。

歸根到底，還是在於你的情緒控制力怎麼樣。

幸好在生活中，掛在樹枝上只有幾分鐘留給你的情況並不多見。遇到不順心的事，你一時間接受不了很正常。別崩潰，也別胡思亂想，等稍微緩過神來，再用這個 CORE 四維度來看，情況通常沒你想像的那麼糟。搞清楚局面了，腦筋動起來了，離想出辦法也就不遠了。

當然，這個肯定需要歷練，就像那個投標經理，人家是經歷的事多了，才能那麼從容。她可以做到，你也可以做到。

做到這四點
成功逆轉職場危機

　　如果你是一個有進取心的職場人，請一定要小心所謂的「重複性勞動」，這可是大多數職場危機的罪魁禍首。

　　什麼叫重複性勞動？你也許會以為，重複性勞動是指那些主要透過體力完成的工作，如外送、發傳單，或摻雜少部分腦力的工作，比如測繪、採購、和供應商談判、節約成本控制預算等。其實不是。即使是某些高強度的腦力工作，依然算重複性勞動。比如，被大家認為重複性低的業務，其實時間長了，業務員也會按固定套路把銷售流程當作例行公事走完。日復一日的重複性勞動，使他工作越來越熟練，但成長卻越來越緩慢。

　　現在，輪到九〇後、〇〇後面對職場了。

　　我的侄女小姜，一九九〇年出生，畢業後在一家電力設計院做造價諮詢。前些年國家大力投入基建，她工作多加班多獎金也多，可現在基建投資萎縮，她沒事做，只能拿個基本工資。小姜說，時間倒是有一大把了，可惜扣掉房租剩不了幾個錢，

平時看個電影吃個飯還要猶豫半天。她本想跳槽，偷偷面試了幾家後，發現去每家面試都是第一次面試就結束了，因為人家覺得她會的東西太少，薪水要得還挺高。

電話裡，小姑娘對自己無比失望：「叔，其實我自己都知道，就像人家說的，我真的是把一年學會的東西用了整整五六年啊！」

小姜這樣的職場人，你也認識很多吧？反正我認識的大多數九〇後，沒網上講的那麼佛系，他們也像八〇後那樣相信個人奮鬥，對事業有追求，對生活有盼頭。可是，殘酷的現實讓他們慢慢意識到，自己正在像當初的八〇後那樣，在「重複性勞動」的溫水裡慢慢變成青蛙。行業有動盪，或者遇到公司變革，甚至跟直屬主管關係惡化，他們會分分鐘面臨降薪裁員，遠大前程秒變職場危機。

那麼，應該怎樣破解職場「重複性勞動」呢？我總結為需要回答的四個問題：勞動是否有外延性？方案是否有系統性？能力可否被工具化？價值是否能資源化？

看完之後請你仔細觀察周圍，同樣的工作，有人完成得中規中矩，有人完成得出其不意。同樣是打工，有人成長必然遭遇天花板，而有些人的職業發展軌跡是一條斜率陡得多的曲線。

請你耐心看完這四點，以便不重蹈前輩們的覆轍。

勞動是否有外延性

我經常買書，慢慢地，書櫃放不下了。有一次在社區附近的地鐵口找到一個看著挺憨厚的年輕工人幫我在牆上鑽孔裝隔板。我聽見屋裡「轟轟轟」一頓電鑽響，一會兒沒動靜了，又過了一會兒，我走進去看見他在掃地，再抬頭一看，他不光把隔板裝好了，還拿著毛巾把隔板擦乾淨了。我本來擺在地上堆得亂七八糟的書也被他放在隔板上，整理得整整齊齊的。

我開玩笑說：「年輕人可以了，地不用掃了，不然我還得付你掃地的錢。」他笑笑，說：「地已經掃乾淨了，大哥您不用付我掃地錢，下回還有鑽孔的活，還有抹水泥、打牆砌牆什麼的，直接找我就行，這是我電話。」他說著還遞過來一張名片。

雖然後來沒找過他，不過有一次聽社區鄰居說要重新把陽台的防水做一下時，我就推薦了他，聽說做完後鄰居也很滿意。

這個年輕人做的是不是「重複性勞動」？當然是了，而且技術含量並不高。可是，在本職工作（鑽孔）已經很難和其他人拉開差距的時候，他選擇了為自己的服務擴展外延，給「重複性勞動」添上了體貼度和個性化服務，也給自己的手藝和品牌帶來了附加價值。

我經常說，這個世界屬於有心人，人和人的區別大多數時候並不是誰比誰有背景，誰比誰更聰明，而是誰比誰更用心。

有的小保姆，從簡單的工作到幫雇主買菜、記帳、沖茶、泡咖啡，再到學會做飯菜，辭職時主人用市場價的兩倍工資挽留。有的櫃台小妹，除了日常的行政工作，還積極學習產品知識，爭取實踐機會，慢慢成為銷售部門的明星員工。

你看，如何在一點一滴的「重複性勞動」中用心思考對方究竟要什麼、關心什麼、擔心什麼，盡可能為自己的產品或服務增加外延價值，才是積極面對「重複性勞動」的正確態度。

方案是否有系統性

做公司內部培訓時，我曾經向員工推薦過管理大師彼得‧聖吉的經典商業教材《第五項修煉》，要求他們一定要精讀裡面關於系統性思維的一章。

什麼是系統性思維？一名員工的課後總結，我覺得很到位——意識到事物之間的相互聯繫，並學會在系統之外的更大系統中去尋找解決途徑。

剛才談到的外延性，是立足自己的單一工作，同時增加外延服務的價值。系統性則是聚焦工作本身，不按常規的重複性流程行事，加入更多系統外的變數，盤活系統內的資源。

我剛買房那陣子在同一個社區租房子，打算花一年時間裝修新房。房產仲介小孟是個黑黑瘦瘦的小女孩，她幫我找了一套房子，房東在社區裡有兩套房，自住一套，出租一套。我們

很快看完房，價格、車位和付款方式都談妥了。

臨簽約前兩天，小孟忽然給我打電話說，房東兒子從外地開車回來，需要地方停車，所以車位不能租給我，從房子租金裡扣掉車位那部分就行。我當然不同意，當初選擇他家房子的一個重要原因就是房子帶車位（我們社區車位緊張），而且車位就在房子下樓的電梯旁邊，非常方便。

小孟只好去回覆房東。

又過了兩天，小孟打電話通知我簽約，我問她車位的事，她說：「房東運氣太好了，剛好碰到有人出租車位，已經解決了。」哦，那還真是運氣好，我也沒再多問。

住進去兩個月後，有一次去物業管理中心交物業管理費時，我才無意中聽說了上回小孟搞定車位的玄機。原來，她把租車位的價格主動抬高一百塊，然後自掏腰包每個月貼這一百塊，幫房東兒子租了一年，自己一共貼了一千兩百塊錢。

你可能會想，那她不是虧了嗎？我當時也是這樣想的。後來才知道，那時小孟正在衝刺全年業績第一，就差我這套房了，拿下來以後公司發了好幾萬獎金，比起獎金來，一千兩百塊算什麼？我是銷售出身，也算是久經沙場，當時聽到小孟這番操作，忍不住暗暗咋舌。我想起她那個黑黑瘦瘦的樣子，真是不可貌相，在房產仲介這種高重複性勞動的職位，小孟真的是系統性思維的高手。她沒有因為突發情況就放棄，而是積極考慮租房

交易系統之外的資源，綜合分析，作出適當犧牲，去贏得更大的利益。

那麼你呢？面對手頭的工作，你是每次按照常規套路，行就行，不行就隨它去，還是千方百計地去尋找系統之外的資源來說明自己完成任務呢？

換句話說，你的方案有「系統性」嗎？

能力可否被工具化

有人要求你在最快時間內把一片農田的秧插完，還要保證品質。你是去請教一位老農民呢，還是買本插秧的書回家自己看呢？

正確答案是：借一台插秧機。

面對重複性勞動，光提高自身效率有用嗎？沒有。因為無論你怎麼提高效率，也只是從一個插秧的新手變成一個經驗豐富的老農，而且，還要花費數十年的時間。即便如此，你插秧的速度和插秧機完全不在一個量級。你幾天才能完成的工作，機器只需要幾小時。

這就是重複性勞動常常讓人忽略的一點——你的能力其實可以被工具化。

我記得小學時，銀行每年都要舉行點鈔比賽，點得又準又快的職員還能拿名次贏福利。現在，點鈔機大量應用，點鈔快

的職員不再具有優勢，人和人之間也不需要比賽點鈔了。

還是拿銀行舉例。ATM 提款機在二十世紀九〇年代被引進國內，既方便又快捷，存取款等業務被 ATM 機工具化，大量人力被淘汰。而二〇二一年三月，主業是為銀行提供 ATM 機服務的新三板公司維珍創意，與二〇二〇年相比，營業收入同比下降 60.74％，淨利潤同比下降 90.68％。

為什麼？因為大家都不太喜歡用紙幣了，當初的先進工具 ATM 機正在逐漸退出歷史舞臺，淘汰掉它的是更加先進的工具：網路帶來的無現金支付方式。

如果你的工作中存在大量的重複性勞動，請務必充分利用工具，比如：用 Excel 簡化大量統計分析工作、用思維導圖軟體省去許多文檔編輯和整理的時間、各種專案管理軟體、語音翻錄軟體、語法檢查器、圖片編譯器⋯⋯等等。

會使用工具的人正在將不會使用，甚至不知道還可以使用工具的人遠遠甩在身後。盡可能把你的能力工具化，從重複性勞動中解放出自己的時間。

價值是否能資源化

記得二〇二一年八月，中國創投圈傳出一條重磅新聞：陸奇加入了 YC（創業投資及加速器）。陸奇是誰？一九九六年從卡內基梅隆大學獲得博士學位，陸續加入 IBM（萬國商業機器

公司）、雅虎、微軟，直至升任微軟全球執行副總裁，成為迄今為止美國科技圈職位最高的華人高管。從百度副董事長的位置上離開三個月後，二〇二一年八月十四日，陸奇加入 YC，成為 YC 中國的創始人。YC 曾投資 Dropbox、Airbnb 等獨角獸公司，是矽谷最為成功的孵化器。

那麼問題來了，YC 為什麼會選擇陸奇？圈子裡的人都知道，像陸奇這樣的人物，創造的價值已經不能僅僅用能力來描述了，而要用到另外一個詞：資源。他的價值已經「資源化」了。就像有人說的──陸奇光環，在團隊組建上正在產生事半功倍的效果，許多行業大咖都在打聽陸奇的招聘管道。

「一個人真正的影響力和主管力，在於脫離平台標籤後依然有大批追隨者。」不光如此，未來 YC 中國在國內的各項業務開展，也一定會因為陸奇這個名字，在人脈、資金、項目、政策等方面得到極大的便利。

陸奇是不是很強？是很強，不過，想像陸奇一樣優秀太難了。好消息是，你即使不能成為陸奇，依然可以往這些方向努力。

足不出戶，就有老客戶電話來談下訂單；行業裡任何一個環節，都有人願意和你交換資訊，成為你的資訊源；成為團隊的核心，有人願意跳槽追隨你；成為技術發展某個方向上有資格、有分量的發言者；別人見不到的人，你能見到；別人沒有的電

話號碼，你能隨時打通。

這就是我真正想說的：一個人在職場上進階的終極目標，就是依靠工具解放自己的時間，學會調用系統外部的資源，同時拓展價值外延，最終讓自己的價值資源化。

那個時候，你出賣的就不再是不可複製的時間，而是附加在你身上的各種資源。任何時候想跳槽或創業，你放出風聲就能接到四周拋來的橄欖枝，不再重複勞動，只用稀缺價值工作。

無論是八〇後、九〇後，甚至〇〇後，只有不再沉迷於重複性勞動帶來的輕鬆和安全感，才能真正避開職場危機，贏得職業生涯的競爭。而任何沒有方向、沒有策略的努力，都必然造就出溫水青蛙，這樣的人最終只能坐以待斃。

低谷時期
應該做的三件事

　　人這輩子真的太長了，也許有輝煌，但很快會過去；低谷必然也有，但未必會一直都在其中。而且對於我們大多數沒有任何資源和背景的人來說，往往是在低谷的表現決定了我們能多久爬出低谷，爬出去之後，能到達多高的地方。

　　所以當有人來諮詢我的時候，我總會說，人在低谷也是有好處的。在我看來，低谷期至少有這麼三件事值得你去做。

收穫朋友

　　我人生中最近一次低谷在二〇一三年。那時我在深圳，創業失敗，心裡成天空蕩蕩的，感覺像走在一條長長的隧道裡，兩頭都沒有光，我不知道該往左還是往右，究竟要走多久。

　　幸好，我還有朋友。有的時候，我和一幫朋友出去踢球、喝酒、閒扯淡，在飯店關門前，拚命把自己灌醉，然後在回去的計程車上，一邊想吐，一邊使勁忍住。還有的時候，一個朋

友專程從國外趕來陪我，我們去深圳大學打籃球，在操場上看露天電影，再回我住處換身衣服到公園邊上的酒吧，在震天響的音樂和吼叫聲裡，從晚上嗨到半夜。凌晨三四點從酒吧出來，我們坐在街對面的露天椅子上，醉醺醺地等著天亮，然後道別。

這位朋友從來不讓我買單。有一次，我們逛街逛到購物廣場，我說我錢不多，請你吃個雲南米線吧。他說：「大哥，你知道我吃不了辣的，日料不辣，請我吃日料吧。」

吃日料？我哪有這個錢！最後還是他買了單。

後來，我境遇慢慢好了起來，事情越來越多，新交的朋友也越來越多。但我很清楚，這個時候願意來結交你的人只是因為你有用處，那不叫朋友，那叫合作夥伴。只有當你毫無價值，什麼都不是的時候，生活才會展現出它毫不留情的一面。

所以，我給你的第一個建議是：<u>處於人生低谷時，好好看看是誰願意拿出寶貴的時間陪你玩耍、和你聊天，心甘情願地為你買單。</u>珍惜他們，這個時候收穫的是可以相信一輩子的朋友。

合作夥伴當然越多越好，但只有朋友才值得深交；也只有真正的朋友才能放心依靠。

積蓄能量

有人問過我：寫職場文章，每週至少輸出兩篇高品質文章，你是怎麼辦到的？我想了想說，可能是因為二〇一三年那時，

人生正在低谷期吧。

那時是真的閒，除了約著朋友玩，其他時間我幾乎都在看書，也沒什麼目的，從政治歷史到商業文化、藝術法律，當然還有小說，喜歡就買來看，速度也不快，一周看個一兩本，經常是剛剛翻完一本偵探小說，又拿起一本犯罪心理學，邊看邊記筆記，記完筆記再寫點隨想，比大學時還認真。有時，為了湊夠書錢省運費，我會再看一本童話。連童話都不放過，現在想想挺可怕的。

至於看完以後有什麼用？從來沒想過。後來開始經營社群，寫職場文章，剛開始那段時間其實挺痛苦，忽然有一天，我覺得似乎開竅了，工作以來的經歷和當年看書時的點滴思考像是發生了化學反應，關於商業和職場的想法噴湧而出，下筆如有神助。

直到有一天，我讀到賈伯斯在斯坦福大學畢業典禮上的名為《三個故事》的演講稿。在演講中他說道：「你要堅信，你現在所經歷的，將在你未來的生命中串聯起來。」

我覺得我被他看穿了。看過的那一本本書，就像一顆顆珍珠，被經營社群這根絲線串聯起來，成為一條漂漂亮亮的項鍊。

這就是我的第二個建議：人在低谷，恰恰是你積蓄能量的時候。越是在低谷，越是在世界邊緣，越無人打擾，你就越應該趁機積蓄能量。

嘗試把握新事物

最近看完一本書，俞敏洪的《我曾走在崩潰的邊緣》。書裡講了個什麼事情呢？俞敏洪主管新東方上市後的第七年，二〇一二年七月，忽然遭到美國渾水公司（Muddy Waters Research）的攻擊。它指責新東方在財務資料和學生人數上造假。兩天之內，新東方股價從 20 美元跌到了 9 美元，俞敏洪面臨著新東方退市、被美國股民起訴支付巨額賠償的風險，一瞬間跌入低谷，走到他所說的崩潰邊緣。

面對困境，俞敏洪找到一幫企業家朋友，坦誠相告新東方絕對沒有作假，請朋友們出資幫他把股價拉升至 12 美元左右，然後聘請最專業的獨立審計團隊，向管理機構遞交自證清白的資料，就這樣，局面慢慢得到了穩定。

與此同時，俞敏洪發現這是一個機會。什麼機會呢？給核心員工發放期權。因為按照上市公司的運營機制，股價越低的時候發放期權，公司承擔的成本就越低。那時的股價比平時要低 50%，所以俞敏洪迅速啟動發放期權的機制。

最後，新東方以極低的成本為核心員工爭取到了三年的長遠利益，使一大批核心人員穩定留在新東方。股民也慢慢恢復了信心，不到一年，股價慢慢上升至被攻擊前的水準，風險反而化作了機會。困境卸下妝來，發現原來是成全。

當然，我們普通人沒法像俞敏洪那樣，能有那麼大手筆。但是，當你處於人生低谷，還沒有一件事需要你全身心、大力度地投入時，這個時候，正好適合嘗試。

這一點，我就做得很不好。二〇一三年，我去華強北跟幾個老同事吃飯，有人介紹了一個朋友，說他正在搞「速賣通」，就是大家說的「國際版淘寶」。他在賽格大廈租了個工位，條件很簡陋。這個朋友知道我有海外銷售背景，極力邀請我合夥一起搞。他跟我講，阿里巴巴給它的扶持力度很大，據說口號是：二〇一三年做速賣通就像二〇〇三年做淘寶。

慚愧地講，我那時還有點「大公司強迫症」，心想你才幾個人能幹成什麼，沒花心思瞭解，更懶得思考，直接就婉拒了。後來聽朋友說，那個人現在已經不開寶馬七系，改開特斯拉了。另外，他剛全款買了套學區房。

和暴富擦肩而過，我覺得自己挺活該的。

如果你現在身處低谷，不妨想想我這三點建議：收穫朋友，積蓄能量，嘗試新事物。人生路漫漫，不知道什麼時候又峰迴路轉，當有一天回想起現在時，我希望你已經風輕雲淡，可以欣慰地說：「那時是挺難的，好在，我也沒浪費。」

有這三種毒觀念
永遠別想再翻身

　　前些日子，朋友轉給我一篇文章，標題叫《富豪淪為環衛工，才知道不能怪窮人不努力》。朋友問我文章怎麼樣，我說看完很不舒服。

　　文章介紹了一檔香港真人秀節目《窮富翁大作戰》，讓一些上層社會的精英，比如商業大佬、富二代和金牌律師，去體驗底層人士清潔工、流浪漢和小攤販的生活。節目裡，被安排去做清潔工的是香港紡織大王之子、服裝集團主席田北辰。

　　田北辰住在不到一坪的「籠屋」，和領低保的陳伯做鄰居，每天早出晚歸去做工。親身體會了兩天之後，田北辰面對清潔工這種沒奔頭的處境，放棄了之前「如果你有鬥志，即使是弱者，也可以變為強者」的觀點，開始相信「窮人之所以過那種生活，不是他們沒有鬥志和努力，而是無論多努力都跳不出貧困圈」。

　　其他參加節目的精英，也都對自己當初的觀念紛紛搖頭，覺得自己之前錯怪窮人了。這個節目，堪稱成人版的《變形記》。

文章裡面還有這樣兩句話：「他們可能是付出最多的一類人，但是他們的收入卻和付出不成正比。」「他們當然想改變自己的命運，但是世界根本沒有給他們機會。」

我們常說別喝毒雞湯。這樣的節目、這樣的文章就是毒雞湯。因為它講述的觀點偏離常識、充滿謬誤，卻符合人性，特別是符合窮人的人性——你看，我已經很努力了，我窮不能怪我自己；你看，換個所謂的富人，還不是一樣跳不出我現在的困境。這樣一來，我對生活沉重的責任感就可以先放一邊了，哪怕最後，還是由自己買單。

我不舒服的，是節目和文章的創作者深深知道，只要講出窮人的心裡話，就能帶來收視率和轉發量，就能帶來商業利益。因為這個世界永遠是窮人多。至於窮人是不是真相信了這些話，最後沉浸在窮的境遇裡，永世不得翻身，他們才不關心。正所謂「殺人莫過誅心」。

我現在不是富人，以前家裡更窮。做為一個十八線小縣城出生的窮學生，我靠自己一路拚命努力，現在終於可以坐在咖啡廳，和大城市出生的孩子一起喝一杯星巴克。我既沒資格炫耀，也沒必要自卑，實事求是而已。

下面我想提醒你的是，警惕這些毒雞湯，遠離下面三個讓窮人永世不得翻身的毒觀念。

第一個毒觀念：妄想一步登天

我一邊看那篇毒雞湯，一邊想問一個問題：那些底層人士，他們的父母怎麼樣呢？沒人知道富二代田北辰的籠屋鄰居陳伯的父母是誰，我們倒是可以輕易查到田北辰的父親田元灝，人稱「一代褲王」，位列香港的江南四大家族董、唐、田、榮之一。

那麼，田元灝的父親呢？網上是這樣描述的：田元灝曾是香港紡織界的頭面人物，一九一六年出於于上海，父親只是個教書先生，家境並不富有。田元灝在上海雷士德工業學院半工半讀主修機械工程，後來他拿到獎學金到英國曼徹斯特工業學院繼續深造。

「父親只是個教書先生，家境並不富有。」田元灝是靠著自己的勤奮刻苦半工半讀，拿到獎學金，加之後來的白手起家，才一步步獲得了「香港紡織界頭面人物」的地位，也才能給自己兩個兒子田北俊、田北辰一個高起點。

對此，你有什麼想法？如果你非要拿富家子弟田北辰和窮人陳伯來對比，確實非常不公平，一個生下來就在羅馬，一個永遠到不了羅馬。你不能一邊看人家含著金勺子長大，一邊看自己出身貧寒，就感歎命運不公，而無視人家的父輩、祖輩，也是胼手胝足一路打拚過來的事實。如果這樣想，那說明在你潛意識裡還有那種「妄想一步登天」的毒觀念。

你應該拿田元灝的父親、田北辰的爺爺，那位連名字都查不到的教書先生，來和陳伯的父親做對比，我覺得可能更有意義。他們給了孩子不同的教育，讓田家、陳家的後代走上了兩條雲泥之別的道路。

至於陳伯應該怎麼做？我也不知道。但是，看到這篇文章的你們，生存條件都在陳伯之上，如果你還有工夫追劇、滑手機、打遊戲，就沒有資格提什麼公平不公平，別天天想著一口氣吃成個胖子。

如果在底層，你能不能先往平民努力？平民能不能勤儉持家，自強不息，混成中產呢？中產多花點心思在教育上，孩子才更有機會向上爬升。別嫌爬升速度太慢，周圍那麼多妄想一夜暴富的人，因為貪念，被一次次割了韭菜，這樣的例子難道還少嗎？

這個世界，哪有什麼一步登天？有的只是一個人、一個家族的厚積薄發而已。

第二個毒觀念：迷信確定性

那篇毒雞湯這樣描述田北辰體驗的清潔工的日常工作：在規定時間內清理一整條街的垃圾桶，完成之後，趕往下個地點繼續打一份工甚至幾份工。

清潔工辛苦嗎？當然辛苦。努力嗎？當然努力。這份工作

既辛苦又不賺錢，原因究竟是什麼？

答案當然很多，但我在這裡想說一點：它的「確定性」太強了。給多少錢、規定多少時間、掃哪些區域，清清楚楚，一目了然。

之前有讀者問我，為什麼有些行業比如金融、網路，收入會這麼高呢？大家都是肉體凡胎、接受的都是九年制義務教育，憑什麼？

角度不同解釋不同，我想跟你講：因為這兩個行業的最大特點是不確定性非常高。金融賺錢的邏輯是對市場預期判斷，但這個太難、太不確定了。即使你不知道期貨市場大起大落，讓這個星球上無數最聰明、最有才華的大腦承受不住，最後破產甚至選擇自殺，至少你也應該聽說過，股票市場有多麼詭譎。

至於網際網路更是充滿了不確定性。一個產品的成功，從需求不確定、規模不確定、技術不確定、商業模式不確定，到最後一將功成，出現讓人瞠目的爆發性增長，中間要經過多少試錯、多少拐彎和多少峰迴路轉。

這些不確定性你正在承受嗎？只有把極度的不確定變成最後的確定，才能體現你的價值，也才能贏得社會的回報——金錢。既沒有承受不確定性，還想賺大錢，這不叫不公平，這叫不講理。

只喜歡確定性的人遍地都是。讀書只看考試需要的，上學

只學能找工作的，等找工作了，第一反應還是薪水高不高？離家近不近？會不會加班？只關心現在做多少，馬上能賺多少，至於你讓他瞭解瞭解科技前沿，關心關心行業動態，學習學習政策趨勢時，他便回你一句：「啊，花時間在這些事兒上面，一定有用嗎？」

說句難聽的，這種人無論在哪個行業什麼職位，都沒什麼本質區別。技術一旦進步、制度一旦變革，第一個裁掉的就是你。

迷信確定性，路會越走越窄，人會越混越慘。

第三個毒觀念：習慣隨大流

有人總結了改革開放以來，普通人改變命運的幾次機會，我覺得總結得蠻好。

從高考恢復到鄉鎮企業崛起，再從一九九二年下海到網際網路普及，所有這些機會，除了高考，沒有一個是普通人隨大流就能抓住的。而且一個普通人依靠上大學實現階層跨越的方式，也隨著大學擴招變得越來越不管用了。階層躍遷之路那麼窄，靠隨大流，你怎麼可能找對方向？

那隨大流能帶來什麼呢？

我特別喜歡一部電影，是以東北國企員工下崗為背景的《鋼的琴》。正巧我去東北出差了好幾次，走在瀋陽的和平北大街，聽當地朋友聊了不少關於鐵西區、豔粉街的事。從一九八六年瀋

陽市防爆器械廠破產開始，一直到一九九五年瀋陽重型機械廠、一九九六年瀋陽拖拉機廠的陸續垮掉，成百上千個國企的「下崗潮」持續了十年以上。

並非一夜之間成了這樣的。心思活絡的年輕工人，去南方販來牛仔褲，從零散賣貨到擁有自己的檔口，生意越做越大。有人一邊在單位掛著名，一邊開始尋思做點本地小生意，日子也慢慢有了起色。絕大多數人呢？選擇了隨大流，一個字：等。他們永遠相信，工廠停了水電，主管會去解決；訂單沒了，主管會去爭取……數十萬、上百萬人一直等到最後。幻想真正破滅時，能走的路已經狹窄得容不下你帶上尊嚴了。

就像媒體報導的那樣：有的家庭只好靠撿破爛維生；有的女人不得不去洗浴場所做皮肉生意；丈夫忍受不了妻子的抱怨，放下碗筷沉默著走向陽台，一躍而下……

整整十年啊，你幹什麼去了？

所以，隨大流帶來了什麼？我的答案是：內心虛幻的安全感和直到最後一刻才不得不接受的墜落。

如果你覺得東北離你太遙遠，那麼看看周圍，當一家大公司破產、裁員時，大多數人都在懵懵懂懂隨大流，誰是那些早早就離開另擇高枝的少數人？他們不會把時間浪費在和一家走投無路的公司扯皮上面，不會把時間浪費在爭微薄的遣散費上面。他們對下面這個問題有明確的回答：個人的職業前途，難道不

更加值得自己隨時隨地留心觀察、仔細分析，然後果斷止損嗎？

隨大流這種事不是不可以做，但那應該是你認真權衡後的獨立選擇。要知道，在你被隨大流的毒觀念害死時，那些擁有同樣命運的甲乙丙丁是幫不上忙的。大家一起抓住懸崖邊的枯枝，搖搖欲墜。你的放手墜落，可能會是他們唯一的救命機會。

如果要比，就要跟自己比

這個時代，人人都嫌自己太窮，人人都說自己太苦，人人也都知道，幸福是比較出來的。不如你的人，你不屑比；比你過得好的人，你比不贏。幸福稀有，焦慮盛行，毒雞湯滿天飛。但我想說，一個人生下來，你決定不了身處的時代，也決定不了你的原生家庭，但是你可以決定跟誰比更能得到幸福，更能得到翻身的機會。

跟誰比呢？跟自己。每天睡覺前，你能比白天更聰明一點，更強壯一點，更富有一點，就已經是一件了不起的事了。這意味著，你付出了辛勤和自律，你的生活有目的，也有節奏，上面提到的三個毒觀念會離你很遠。當有一天你回望，會看到來時的荊棘小路其實風光無限，然後你不再停留，而是轉身朝著既定的方向，一邊疾走一邊抬起你高昂的頭。

正如海明威所說：「優於別人並不高貴，真正的高貴，是優於過去的自己。」

年輕人如何
在大城市站穩腳跟

前些天，我和一個高管朋友喝茶，聊起了一件事：她是如何被房產仲介打臉的。

兩個多月前，她家小孩轉學，要在新學校旁邊租一套房子。雖然房子租了，但她對仲介印象很差——講話大舌頭，吐字不清。她每句話都聽得很吃力，說話的口氣自然也不耐煩。她還跟老公抱怨：這樣的員工，怎麼沒被開掉呢？

過了兩天，房東來電話，說臨時有急事要出差，怕新買的家電到了沒人在家，得過兩周才能到貨安裝。她一下就措手不及了，她家住得遠，和老公兩個人都要上班，哪裡有工夫給送貨的人開門，一趟趟收貨，一趟趟安裝呢？眼看孩子就要開學，沒辦法，只好求助於仲介小哥，雖然她也知道，租房協議簽完，其實這事兒跟人家就沒關係了。

誰知道，小哥答應得很爽快。於是在那一周時間裡，她時不時接到仲介的電話。

「姐，客廳和臥室的空調都裝好了，臥室裡面按您的要求，出風口沒有正對床。」

「姐，煤氣灶今天剛裝好了，我明天去燃氣公司開通一下，您下周就能用了。」

「姐，電冰箱到貨了。」

「洗衣機到貨裝好了。」

「電視機裝好了。」

全家人搬進去以後，她看著嶄新的家電，一面心情愉快，一面感覺當初對仲介小哥有偏見，心裡有點過意不去。剛好，之前班上另一個寶媽的孩子也要轉學過來，就被她介紹給了大舌頭小哥。寶媽也租了套房，挺滿意。一來二去熟了，她才知道小哥已經買房成家，在這個城市已經生活第七個年頭了。

我一邊聽她講事情經過，一邊在想另一個問題：都說年輕人在大城市立足不容易，可是不也有人辦到了嗎？

焦慮是年輕人的常態，先得把心態放平

這年頭，每個人都很焦慮，特別是年輕人。許多年輕人沒背景，沒關係，沒資源，不少人連學歷也很低，成天都在焦慮。

焦慮什麼呢？沒錢。不過，你要是往深裡問，他們想的其實是在月薪兩萬元的時候，就要開上七八十萬的代步車；是在畢業兩年，才剛能夠獨立做事時，就想升任部門經理；是在還靠

父母幫著出房租的時候，就要帶著女朋友和女閨蜜去歐洲七八個國家旅行。

我來翻譯一下他們的焦慮：怎麼才能一夜暴富？實在不行，兩夜也行。說實話，這樣的想法，真的拿來開開玩笑就好，要不然，炒股、炒幣、P2P、加盟店……等到處都是坑，都是套子等著你。你可以網路搜一下「炒幣騙局」，跳出來220萬個結果；搜「加盟騙局」，660萬個結果；搜「彩票騙局」，900萬個結果；搜「電信騙局」，1100萬個結果……不信你自己搜試試。

如果你真正對自己負責，應該把心態放平，思考另一個問題：怎麼才能在大城市裡立足呢？這個問題既不貪心，也很務實，會讓人心生希望而不是焦慮。比如，剛才那個仲介小哥，就是我們身邊再普通不過的例子。他做的這些事，難嗎？並不難。我相信每個人都能做到。

那麼，做這些瑣碎事，這些笨活，對他的生活會有多大改變呢？答案是，多簽了這一單，多拿一些提成，就能讓他在這座城市多待一個星期，或者更長一點時間。有了這點錢續命，他就有機會繼續往前，路也會越走越寬。我們的目標，不就是在這座城市立足嗎？

如果你只有機會送便當，那就從送便當開始吧！

很多人抱怨沒背景、沒關係、沒資源，說得難聽點，那是你父母的問題，再往上追溯，是你祖輩的問題。父母和祖輩有他們的成長環境，也有他們自己的原因。那不是你要解決的問題，那是你必須接受的現實。那麼，你就真的一無所有嗎？

當然不是，健康的身體，良好的睡眠，樂觀的心態和大把大把的時間，都是你最寶貴的資產。有句話不知誰說的：「哪怕只有 1% 的機會，也要 100% 去爭取。」我覺得說得很好，但是，未免太悲壯了點，有點破釜沉舟的意思。

事實上，一個稍稍努力一點，稍微願意多動動腦筋的年輕人，都能把一份工作做好，都不會到非要破釜沉舟的時候。破釜沉舟，意味著你之前幹得實在太差勁了。

能有機會幫到客戶，朋友和同事，就儘量多幫一幫；做事情想事情以解決問題為原則，而不是劃分責任；手腳勤快點，多留意細節；嘴上熱情，情緒穩定，哪怕家裡剛剛水管漏了，哪怕剛剛和戀人吵架分手；手上的活，要別人挑不出毛病，至少，要往這個方向努力……

難不難？也許難吧，但這些不過是工作的本分，做到一點，你就成熟一點，公司和單位就更需要你一點，關鍵時候，也更願意保護你一點。

還有很多人做事，先不想能不能做成，首先想的還是會不會吃虧。記得不久前網上還討論過，實習生要不要幫同事拿便當的事情。我覺得，如果主管同事對你拿便當沒意見，說明你能做其他更有價值的事。要是你的價值太少了，那你就拿吧！個人價值從拿便當開始，有什麼關係呢？一邊拿便當，一邊學習提升，爭取早點擺脫拿便當的日子。

反過來，如果你真的那麼不可或缺，真的能創造更大的價值，你就是想幫忙拿便當，人家也不讓。就像前央視主持、現在的投資人張泉靈，有一次說公司不讓她開車，非要給她配司機。也是一樣的道理——你開車的精力還是省下來為大家掙更多的錢吧。

認真勤勉的人和總在動腦筋解決問題的人，永遠稀缺

一個年輕人能不能在大城市立足，說到底，是你能為別人帶來多大價值。一無所有的時候，就勤快一點，謙卑一點，多付出一點，少計較一點，拿出努力和真誠來交換。

我那位朋友，有一次和她介紹的那個寶媽聊天，又聊起仲介小哥，寶媽跟她講了一個細節。小哥太忙，就請同事帶她去看房，看完大家離開了，都鎖門準備等電梯了，小哥才趕過來。在大家驚訝的眼神裡，小哥重新打開門，檢查生活陽台的玻璃門有沒有關，怕風來來回回吹把門撞壞了，又檢查了每個房間

的窗戶有沒有關上，以免雨飄進來淋濕地板，這才放心地鎖門離開。

我聽完挺感慨。絕大多數人，這輩子都沒有所謂的人生巔峰，但是不妨礙你把每件小事做好。有個詞叫「功不唐捐」，忘掉一夜暴富吧，年輕人在大城市立足其實並不難。任何一個時代，認真的人，勤勉的人，總在動腦筋解決問題的人，都最稀缺。

人近中年
如何避免職場焦慮

　　職場上有個說法是，你要嘛即將進入三十五歲陷阱，要嘛已經深陷其中。可見，三十五歲陷阱是多少職場中年人揮之不去的夢魘。

　　這也不奇怪，三十五歲的職場人，沒有了年輕時一往無前的衝勁，卻有了凡事躲遠的油膩；沒有了更換行業的勇氣，以及跳槽後大幅度晉升的想像空間，只剩下越來越無趣的工作填滿你漫長的螺絲釘生涯。往前看，位高權重的老傢伙還在位；回頭望，拿錢少幹活兒多的小夥子在後面不要命地追。這種情況說的就是三十五歲左右，這個不尷不尬的年齡。

　　三十五歲陷阱真的存在嗎？在我看來，不如說是一道分水嶺。

　　我身邊也有那麼一些職場人，他們在職場的前半段不光給自己充電加油，還能收斂心性避開路上的大坑。三十幾歲時，他們已進入最佳狀態，正是當打之年，放眼望去前路一馬平川。

我觀察了一下，這些人有兩個共同特點。同樣，他們跨過去的兩個大坑也是三十幾歲的人最容易掉進去的。下面就來說一說這兩個共同特點和兩個大坑。

保持好奇心，保持敬畏感，保持持續的進化能力

大家都知道，職場新人的進步最快，原因很簡單。初進職場，大學裡的東西用處不大，他們感覺自己什麼都不懂，什麼都不會，心裡惶恐不安。於是，從知識到技能、從瞭解環境到為人處事，他們都得主動思考、主動學習，進步當然快。只可惜，大多數人一旦站穩腳跟，工作變得熟練，只要沒有環境逼迫，腳步就會慢下來，甚至停下來。

大家捫心自問，最近一年有沒有學會新技能？最近半年，有沒有結交一兩個高水準的公司外的同行？最近三個月，有沒有讀完一本和工作相關的專業書籍？我敢說，三個問題的答案都是沒有的人占多數。

很多三十幾歲的人都感覺自己該懂的都懂了，如果行業裡出現什麼新技術，有了什麼新玩法，他們會好奇、會敬畏嗎？他們會想一想「哎，這個看起來很厲害，讓我琢磨琢磨」嗎？他們不會。新東西、新機會就像初春寒霜裡的勃勃生機，他們多半會裝作沒看見，躺在溫熱的被窩裡，假裝還在冬眠。不知不覺中，他們就停止了進步。

另外一類人則恰恰相反。

我有一個老上級，當初我剛進職場時，他看著也就三十歲出頭，是銷售部門裡的技術大咖。記得有一天中午沒睡午覺，下午我正昏昏沉沉，他神秘兮兮地拉我去公司研發中心，說是去找個朋友，去了才知道，研發中心內部有場技術研討會。我終於知道，為什麼他不是最資深，卻是整個部門裡最懂技術的那個人了。

如今，他早就離開公司自己創業，時不時在各個創投大會上拋頭露面。這樣的人，哪有什麼「三十五歲陷阱」呢？

請記住，保持對新事物的好奇心和敬畏感，保持持續發展的能力，是所有成功職場人的共同點，也應該成為你一生的習慣。

像教育孩子一樣，經營你的人脈

很奇怪，教育孩子和經營人脈，能一樣嗎？確實不一樣。想想你一天到晚花多少心思在孩子身上，怕他冷了熱了，怕他渴了餓了，睡前躺在床上，也要琢磨琢磨假期裡給他報個什麼補習班。對你身邊的同事主管和同行，你會這麼花心思嗎？多半不會。

很多人以為人脈這種事可遇不可求。他們喜歡說，難道我遇到爛人也要和他結交嗎？是，短期來看，你會遇到爛人，搞

不好會連續遇上幾個，但是長期來看，我們職場生涯中遇到好人爛人的機率是差不多的。我讓你像教育孩子一樣來經營人脈，不是讓你逆來順受，而是希望你懂得為別人花心思。你發掘一個人的優點，真心誠意欣賞他，對他好，人家是能感覺到的。不信，你想想公司裡有誰對你是真心好的，你是不是清清楚楚？

再者，我們教育孩子，多半是沒什麼功利心的，即使有也很少，最多希望他出人頭地，說到底還是為了他自己。但是，大部分人混職場，混社會，功利心實在爆棚，明天想要托人辦事，今天趕緊臨時抱佛腳請人家吃飯。那不叫經營人脈，那叫摸彩票。

職場上，和聊得來的成為至交；和聊得一般的保持友好，有招呼打，有天聊；向你欽佩的人表示欣賞，徵求建議，適度表達謝意加深感情；對你能幫上忙的，鼓勵兩句，提攜一把……這些很難嗎，一點不難。

不懷功利心，而是抱著善意對待旁人，加之你自身業務能力不錯，人脈對你來說，該是水到渠成才對。那些三十五歲以後在職場上如魚得水的人，都明白一個道理——你曾在職場上遇見的每一個人，都像是你栽種的一棵樹。你永遠不會知道，有一天當你又累又餓時，會有哪一棵樹願意讓你在它身邊休息。

除了投資在自己身上，別的投資都要謹慎再謹慎

我們雖然在說職場，但生活與工作息息相關。許多優秀的職場人不是栽在工作上，而是栽在生活中，下面我們就來說一說生活裡這兩個大坑。

第一個坑是投資。三十幾歲的人工作了十年左右，積蓄不一定多，但多少還是有的。看到喜歡的包，買；遇上夠長的假期，出國；運動裝備添置一兩套專業級的；跟同事朋友吃吃喝喝，也不怎麼看菜單了……這些錢花得就算再心疼，也不至於傷筋動骨。就像人家說的，沒見過一個人吃吃喝喝給吃破產的。

怎麼才會破產呢？我之前的一位元老級客戶老孟，曾是一家準上市公司的高管，二○一五年六月，老孟在歐洲跟老闆陪一家大客戶的老總周遊列國。除了自住的一套房子，老孟把全部身家都花在股市裡，差不多投了五六百萬，還加了槓桿。A股第一次大跌，並未引起他的重視，哪怕後來有反彈離場的機會，他也認為，大跌不過是上漲路上的小回撤而已，富貴險中求嘛！直到股災 2.0，股價離平倉線已經不遠，他才回過神來，可惜陪客戶分身乏術，跟國內又有時差，陰差陽錯間，幾百萬一夜之間基本全部歸零。他們公司上市也因為股災被推遲，後來聽說他承受打擊太大，天天借酒澆愁，夜不歸家，直到離婚才算完。

一個中產家庭就此被消滅。

有句話很有名：「人只能賺到自己認知範圍內的錢。」我覺得挺有道理，意思是說，你不懂的錢，不要去賺。用大白話說就是：「你惦記著人家的利息，人家惦記著你的本金。」炒股、炒幣、炒期貨、P2P還有最近流行的一些投資，做為一名工作和投資息息相關的職場人，我就像在看一場場鬧劇。鬧劇中演員只有兩種，騙子和傻子。我不敢說所有的投資都是騙局，但真正好的投資，沒有人會主動告訴你。

三十幾歲的人，該懂得這個世界很少有一夜暴富的人，一夜返貧倒是隨處可見。兜裡都是血汗錢，有點積累多投資在自己身上，多一份成長，對未來就多一份篤定，不好嗎？

工作俐落，處理感情更要如此

第二個大坑，是感情。最近聽說了一件真實發生的狗血事情。我們行業圈子裡，一個四十歲不到的已婚高管最近被老闆開除了，原因是在外包養了一名女大學生。事情本來隱秘，沒想到一不小心女學生懷了孕，他本來只想尋歡作樂，忽然開始割捨不下，動了和正室離婚的念頭。他還沒做決定，女學生肚子卻日漸隆起，被她家人知道了，直接告到了公司。

本來還只是個人品格問題，結果等公司審計部門介入，才發現兩年多來，這老兄一直以「慈善助學」的名義，每個月花幾千塊公司的錢「固定扶助」這名女學生。老闆知道後勃然大怒，

看在多年情面上沒有起訴他，只是直接叫他滾蛋了。他現在正跟老婆打離婚官司，下場未知，但估計挺慘。

連我在內，所有知情者對他都只有一個評價——咎由自取。你別以為只有男人才會犯類似錯誤，我認識的職場女性，有的為了「真愛」，拋棄原來的好工作，換了城市去追隨靈魂伴侶，結果發現對方是個不負責任的草包，她不光精神飽受打擊，工作還得重找。

這還不是最慘的。曾經東南亞「殺豬盤」就是利用職場男女對感情的渴望，在網上營造完美伴侶人設，分策略、分步驟釣你上當。幾十萬、上百萬的詐騙案比比皆是。三十幾歲的人，事業已經從如履薄冰到駕輕就熟，但許多人對戀愛、對婚姻的認知，還遠遠不夠。

我常在文章裡說，戀愛要早，結婚要遲。為什麼戀愛要早？因為年輕時可以各種折騰，各種死去活來，各種犯錯誤，都有機會重來。為什麼結婚要遲？因為婚姻這個事，用投資的專業話術來說，算是「重大資產重組」，它影響的不光是現在的生活狀態，更直接決定了你的未來。

三十幾歲的人，才剛好有了點資產，你準備怎麼重組？想清楚這一點，你才能熱烈又不失冷靜、積極又不失分寸地去接受一份感情，或者拒絕一場冒險。

什麼叫感情上好聚好散，這才是。

毫無鬥志的人生不值一過，千萬別身未老，心已衰

兩個共同點和兩個大坑都講完了，我還想和你們談點別的。我覺得這才是一個職場人，甚至是一個人最應該擁有的一點：鬥志。

我想問你，三十五歲，很老了嗎？我普及一個小知識吧！按照世界衛生組織對年齡的劃分，四十四歲以下算青年，四十五歲到六十四歲是中年人，六十五歲以上才是老年人。

三十五歲，還年輕得很。可是，職場人奮鬥到三十五歲，確實有一種「身未老，心已衰」的感覺。這還不是個別現象。原因當然有很多：拚死都完不成的 KPI、人際關係複雜到疲於奔命、加班到深夜連軸轉、上下班的通勤讓人窒息……但我覺得，最重要的一點是，你已經失去目標和鬥志了。換句話說，你過得太不冷漠了。

十幾年前我剛工作時，覺得一份工作賺錢越多越好，其他都無所謂。後來，當我經歷過不止一段很賣力的工作經歷後才發現，如果你熱愛手裡的事情，工作本身就是獎賞。當然，基本糊口還是可以的，不過這個世界的奇妙之處在於，當你真的全身心享受工作本身時，恰恰更容易得到金錢的獎賞。

我身邊那些在三十五歲這個分水嶺成功越過年齡陷阱的朋友，沒有一個不是無比熱愛自己的工作。他們目標堅定，忘情

投入，哪有工夫去管年齡是三十五、四十五還是五十五。我們每天工作八小時，持續幾十年，工作在人的一生中佔據最長的時間，對你而言也許是折磨，但對他們來說，工作既是在燃燒青春，也是在享受生命。

就像茨威格在《人類群星閃耀時》裡說的：一個人最大的幸福，莫過於在人生中途、最年富力強時，發現自己此生的使命。

是這樣的。當你真正品嘗過享受生命的滋味，會發現毫無鬥志的人生不值一過。這個世界有無數個勵志故事，大的小的，婦孺皆知的，默默無聞的，我都可以講給你聽。但我覺得，最熱血的那一個，該由三十五歲的你自己來書寫。

人生就是一場獨舞
你不必跟隨別人的節奏

　　有一個詞叫「成功學」，是教人如何成功的。這個詞在網上基本上是貶義的，原因很簡單：別人的成功其實你學不來，叫你學的人多半是在忽悠你。

　　我倒是覺得，別人的成功當然可以參考，但是如何成功，如何安排自己的工作和生活，是有專屬自己的節奏的。跟隨他人的節奏，其實是犯傻。

　　下面這張圖（請見下頁圖四）很有名，是王健林某天的時間安排。

　　王健林是軍人出身，在高強度的工作過程中如何保持體力、恢復體力，他已經養成習慣了。這才是人家成功的原因，至少是原因之一。你學得來嗎？學不來。你能做的，其實是找到自己的節奏。找到節奏去做事，你才能成功。

　　前段時間高考出成績了，有個親戚打電話來感謝我，因為他孩子考得很好。其實，我沒幫什麼忙，就是一年多以前我回

了趟老家，親戚說我當年是學霸，非要我跟他孩子聊一聊。這孩子當時高二，有時候受別人刺激了，熱情一來就拚一把，心勁一過就又鬆懈了。我只跟他聊了十五分鐘，時間長了他也聽不進去。

時間	安排
4:00	起床
4:15-5:00	健身
5:00-5:30	早餐
5:45-6:30	前往機場
7:00-12:15	雅加達飛海口
12:20-12:45	到達海南迎賓館
12:45-13:00	海南主管會議
13:00-13:20	海南萬達城項目簽約儀式
13:20-14:10	便餐
14:10-15:00	前往機場
15:00-18:10	海口飛北京
18:30-19:10	回到辦公室

圖四

我和他說：「我當年也跟你一樣，老看別人正在幹什麼，成績也不穩定。你在看別人，其實別人也在看你，所以不要被人家牽著鼻子走。有規律的學習才是有效率的學習，你要找到自己的規律，找到自己的節奏。」他似懂非懂地點點頭。從後來的成績來看，也許他真的聽進去了，我挺高興。

我的一次犯傻經歷

關於找到節奏這個事，我其實就犯過傻。在爸媽的逼迫下，我從小就有午睡的習慣。哪怕考研究所那段日子，時間那麼緊，我每天中午也一定要趴課桌上瞇一小會兒，不然下午就特別睏。有一次，我看到雷軍說他大學時候，因為有同學把中午時間拿來看書，他害怕自己落後，就把午覺戒了，我心想我也可以啊。結果一點不意外，我當然失敗了。

你看，這就是學習別人的成功，卻把自己的節奏打亂了的典型例子。所以直到今天，我依然每天睡午覺，感覺挺好。

還有一個，就是寫文章的節奏。我最高產的時段，是在出差途中的飛機上。我一般在上飛機前準備好素材，搭好文章框架，把手機開成飛航模式，落地前就在手機備忘錄裡寫好文章了。

為什麼選擇飛機上呢？因為沒人打擾。這一點，我覺得我和村上春樹倒是挺像。

村上春樹寫長篇小說時，會選擇去國外住一段時間，有規律地跑步和寫作，寫作結束再返回日本，這樣就不必被國內的閒事打擾，可以專心寫作。而且，據說他寫長篇時，給自己規定每天寫十頁紙，寫滿就必須停下來，即便某天實在提不起勁頭，也要鼓足精神寫滿十頁。

但是大多數人，並沒有找到自己的節奏。

內心焦慮，行動還是要從容

網上有個說法是「持續性混吃等死，間歇性躊躇滿志」，用來形容現在很多人的生活狀態。「間歇性躊躇滿志」像不像我那個親戚孩子之前的狀態？原因很簡單。現在資訊這麼發達，周圍動不動就傳出這個人出名了，那個人賺大錢了的消息，唯獨自己什麼也不是，所以才焦慮。焦慮雖然是貶義，但我不覺得是壞事。一個人對自己的生活沒有期待，沒有盼頭，那肯定不會焦慮。

不過，那是你想要的生活嗎？顯然不是。

內心焦慮，行動還是要從容，要找到自己的節奏，才有可能走向成功。

我剛才說的午睡、寫文章，那還只是生活的節奏。更重要的，是你的人生也要有自己的節奏，而且這個節奏要獨一無二。

人生就是一場獨舞，所有人都是背景板，只有你自己才是唯一的舞者。所以你要找到自己的節奏，而不是跟隨他人。我想把當年明月在《明朝那些事兒》裡為成功下的定義做一個小小的修改：「所謂成功，就是按照自己的節奏，去度過人生。」

chapter 7

真正厲害的職場人，都把成長當習慣

賺大錢的人
都有這兩種競爭思維

　　很多年前，我住在深圳一個城中村，發現了一個奇怪的現象：街口有家 A 飯店，往裡走一段，有一家 B 飯店。同一份炒飯，A 飯店的價格比 B 高，分量卻比 B 少，但不管是 A 飯店還是 B 飯店，生意都不錯。

　　為什麼會這樣呢？待久了以後，我慢慢發現了原因：A 飯店因為在街口，地段好，主要食客是來往的行人，他們做的是一錘子買賣，分量少就少點，價格貴就貴點，照樣不缺生意；B 飯店地段差一點，他們就把分量放足，把價格降低，吸引附近的居民，因為只有住在附近的人，才會有動機、有機會來對比不同的飯店。他們賺的錢，大部分都是回頭客的。

　　這個小故事裡面，有兩點非常有意思：B 飯店面對 A 飯店的地段優勢，合理設置價格和分量，利潤薄一點，同樣活得下來。而 A 飯店呢，它難道不知道 B 飯店的策略嗎？肯定知道。

　　但它沒有想著搞價格戰把 B 飯店逼走。大家就在一條街上，

都有事做，都有錢賺。冷酷無情的商業競爭在那個城中村的熙攘街頭，忽然就有了一絲美好。

我為什麼要講這個故事呢？這就要說到關於賺錢和競爭的兩個最重要、最需要我們思考的問題：如何挑選對手？如何挑選戰場？

挑選對手，直接決定了競爭的難易程度

首先說，怎樣挑選對手？舉個例子。著名產品人梁寧曾經這樣解釋華為進入手機市場：「小米的崛起給華為點亮了燈」。在小米手機進入市場之前，中國高端智慧手機市場基本是蘋果和三星的天下。想做智能手機，就意味著要挑選蘋果和三星做對手。蘋果多強大就不說了，迄今為止，蘋果依然是全球智慧手機的王者。它的背後是從開發者到用戶到廣告商的龐大生態系統。三星背後則是巨無霸三星集團，即使離開中國市場，它依然是安卓手機的全球老大。

所以華為遲遲沒有出手參與。但是小米崛起了，這證明了蘋果、三星並沒有強大到讓別家連一點點生存空間也沒有，這就給了華為進入市場的強烈信號。

強大如華為，挑選對手時依然如此謹慎。反觀我們自己，為什麼有些仗還沒開打就已經輸了？因為挑選對手直接決定了競爭的難易程度。厲害的人從來不追求「戰無不勝」，他們只

追求挑選沒那麼強的對手，不打無把握之仗。那麼你為什麼一定要挑選那些你根本就毫無勝算的對手呢？你應該挑選的，恰恰是那些比你差上至少一個量級的對手，遠離所謂的「險勝」，要以最小的代價用碾壓性優勢獲取勝利，才是最保險、最值得、最聰明的事。

「誰是我們的敵人？誰是我們的朋友？」是首要問題。有些肉，本來就不該你吃；有些錢，本來就不該你賺。這種仗你都打贏了，才真是天理難容。

對手的資源也有限，所以你要學會挑選戰場

當然，許多時候你沒有選擇權，有時候甚至不是你挑選對手，而是對手挑選你。或者，為了生存，為了擴張，你也會主動進入強者的勢力範圍。那麼，面對強大到似乎無懈可擊的對方，你該怎麼辦？答案是：挑選戰場。這是因為你的資源有限，對手的資源也有限。

一個組織，總是把有限的資源配置到最合理的地方，讓每一滴血液都攜帶更多的營養。所以，那些價值不那麼大、營養不那麼多的地方，往往就是它的軟肋。華為起家時採用「農村包圍城市」的方式，在電信巨頭的包抄夾擊中找出機會；拚多多從五環外的「下沉市場」開始，躲開了京東和淘寶的合圍；美篇主攻老年人社交，找到了微信和 QQ 不曾重視的版圖；剛剛

上市時的泡泡瑪特，也在眾多零售巨頭的夾縫裡，主攻垂直的潮玩市場。像這種例子，商業史上真的太多了。

幾年前，霧霾還挺嚴重的時候，我給一家做新風系統的企業當過顧問。這家企業的一個目標客戶是一所有十五個校區的私立學校。我們的技術實力和品牌只能排到第三，但校方說，十五個校區只選兩個廠家。如果是你，你怎麼辦？最後的結果是我們拿下了兩個校區。我們拿下的數量雖少，但有了應用案例，對品牌在當地的推廣作用極大，可以說我們對這個結果非常滿意了，而這背後的路徑其實也不複雜。

就在前兩家公司都把資源和目光投向校方的「決策者」時，我們沒有硬拚，只是製造機會給其中一個校區校長的七十歲老母親家裡安裝了新風系統，還為老人家做了空氣品質檢測對比，效果非常好。做為新風系統的使用者，這位校長只是為了讓自己的學生們也能享受到自己母親享受到的清新空氣，便竭力為我們爭取。最後，他從前兩家已經放進嘴的份額裡各自掏出一個校區來。

我們看戰場，當然要站在雲端俯瞰，看山脈河流的走向，看平原森林的分佈。弱勢一方更要去戰場上踩點，去看微觀，要學會把一片地域切割開，切成許多個子戰場，然後放棄某些子戰場，在某些子戰場裡以多打少。

因為，對手的資源也一定是有限的。

利用這五點
培養深度思考力

　　思考能力不是天生的，而是一種後天習得的能力，它跟肌肉一樣，越練才會越強，不練或少練就會退化。一想事兒就頭疼，是你長期不思考，思考能力退化的結果，別拿來當作放棄思考的藉口。

　　不過我們得承認，有些人很早就喜歡思考，越來越有深度。你要追上人家的進度，確實需要更多時間。那麼，如何培養深度思考的能力呢？我講五點吧。

第一點：學習

　　大家都知道孔夫子那句話「學而不思則罔，思而不學則殆」，不學習，你思考問題就是坐井觀天，還想造飛機呢！思考之前，你首先得擴展知識面，獲得知識才談得上有價值的思考。因此培養深度思考力的第一點，就是學習。

　　怎麼學呢？我們常說的學習，就是看幾篇文章，看兩本書，

這當然沒錯，但是其實，我們每個人都經歷過最好的學習階段，就是小學、中學時期。義務教育最大的特點是系統化，老師不會一上來就給你講二元一次方程式，而是從數字、加減乘除，到分數小數，一點一滴地給學生構建起知識大廈，這個就叫系統化。

所以，我們學東西，最好要系統化。具體怎麼做我舉個例子。雷軍當年創辦小米要招人，但他一直在金山公司，做的是網路相關，在硬體領域完全屬於跨行，不認識專業人士。他就想了個辦法，讓每個應聘的人都寫三個認識的工程師的名字，然後他再去找這三個人，這三個人又會繼續介紹更多人。

學習也應該這樣找參考書目。一本書看完，它的參考書目是什麼，你買來繼續看，看完再找參考書目。比如，關於日本當年為什麼偷襲珍珠港這段歷史，A 書告訴你，日軍被在中國戰場取得的節節勝利沖昏了頭腦，特別是日本內閣的對美主戰派開始抬頭；B 書說，日本石油匱乏，急需美國石油支持，但美國開始禁運石油；C 書說，日本當時誤判了美國的軍事動員決心，認為美國兩個執政黨無法對迎戰太平洋達成共識；D 書說，如果成功偷襲珍珠港，會大大削弱美太平洋艦隊的實力，讓美國回到談判桌前，在東南亞的資源配置上向日本妥協。

你看這些觀點，有的可能是胡說，有些互不相關，有些互相印證，還有些自相矛盾。你瞭解得越多，你的知識越系統化，

你看待同一個問題就會有不同的視角，就會比之前全面得多：你的思考才可能有深度。

查理・蒙格說得好：「我要擁有一種觀點。如果我不能比全世界最聰明、最有能力、最有資格反駁這個觀點的人更能證明我是錯的，我就不配擁有這個觀點。」

這就是說，對一件事有自己的看法，這本身不值錢。你跟計程車司機聊天，他能跟你把國際形勢分析得頭頭是道，但他的觀點太廉價，不值錢，如果你想分析，你也可以做到。你只有通過大量的學習、邏輯推演，反覆交叉驗證，才能真正得到有價值的觀點。最好，你還得把自己的真金白銀投進去，就像有些選股大師，你買他推薦的股票之前，最好先瞭解一下：他自己買了嗎？證據呢？證據是真的還是偽造的？

第二點：實踐驗證

再來說第二點，實踐驗證。大多數人的問題不是學得不夠，而是實踐太少了。現如今，市面上有太多可以學習的課程和資料，你學了，只是「知道」，並不等於「掌握」。你得花時間、花力氣照著做，做的時候現實生活會給你回饋，讓你從中不斷修正之前的理論。經過修正的理論才最寶貴，才能叫作有深度的思考。

去做事，多做事，現實會推動你思考，你就會變得更聰明、

更強大。所以人家說，人的收穫都是被逼出來的。

第三點：跨領域思考

第三點，就是大家常說的跨領域思考：從一個領域的事兒聯想到另一個領域。之所以要跨領域思考，是因為深度思考要求你透過現象看本質，而一切本質的東西都是抽象的，只有抽象的東西才可能跨領域。

我寫文章就經常要求自己舉個例子。如果我能舉例成功，就說明我可以把一件事的抽象本質提取出來，運用到別的事上。比如前面說參考書目，我講了從不同角度分析日軍偷襲珍珠港的故事。招人和找書看起來是兩回事，但是熟人介紹和找參考書目是同樣的道理。這就是跨領域思考。再比如，我平時常說國家、公司和個人，雖然是維度不同的三類東西，但其實很多相似的東西也可以抽象出來。

前段時間，我為一個粉絲提供諮詢，就用了聯邦德國戰後崛起和中英雙方關於香港的例子來講一個技術專家如何融入新團隊。這也是跨領域的思考。

第四點：理解差異性

史考特・費茲傑羅在《大亨小傳》裡說：「每逢你想要批評別人的時候，你就要記得，這個世界上並不是人人都擁有你

的優越條件。」這不光是個人修養問題，更是一種思考問題的角度，也就是第四點，叫作「理解差異性」。

意思是說，你要明白人和人之所以不一樣，是有原因的。你之所以敢裸辭去創業，不光因為你聰明，你努力，你有勇氣，還因為你投胎投得好，父母不需要你養，甚至還給你提供了啟動資金。同班那孩子不是膽子小，能力弱，只是他要還助學貸款，不像你可以對工作不管不顧。這就叫理解差異性。

瞭解了理解差異性，你就會變得包容。這個包容包含兩方面的內容。一方面，你會明白一個人的行為不只跟個性有關，還與他從小的成長環境、所處的年齡段相關。比如年齡方面，不是年輕人愛衝動，而是他們的大腦正在發育，認知正在形成；也不是老年人不思進取，而是他們的思維模式已經固定了。所以，你年輕時多半也調皮，也有好奇心，等你老了，大概也喜歡打撲克、打麻將，對詩和遠方沒什麼感覺了。

另一方面，如果你經歷了學習和實踐的千山萬水，體會過整個修煉過程，有了現在的認知，那麼當有人反對你時，你就會知道，他的認知暫時還停留在自己十年前、五年前那個水準。對方腦袋瓜裡 100％認知也許只占到你的 10％。你會紅著脖子去反駁他嗎？不會。

你會理解他的行為、行為背後的動機，還可以預測他的下一步行動。

第五點：推翻自己

超越別人的認知並不是一件容易的事，但更難的、更深度的思考還是推翻自己。這是我要說的第五點，也是最後一點。

有個詞叫「破繭成蝶」，可以用來比喻我們突破了原來的認知（繭），變成蝴蝶飛出去了。但是，蝴蝶就可以隨便飛嗎？不可以。蝴蝶不會飛出花園，即使飛出花園也沒法飛出地球。所以，真實世界是，你突破了原有的認知的繭，自以為成了蝴蝶，但其實還有新的一層繭在外面等著你。如果沒有再次突破，你自以為破繭成蝶，自以為思考有了深度，其實不過是在更大的一層繭裡面。

我就犯過這個毛病。之前有個粉絲問我：「格總，你平時有主業還能寫文，時間管理做這麼好，能講講嗎？」我只說兩句話。第一句是「抱歉，不講，我沒那麼多時間」，第二句是「我已經講完了」。

在我看來，所謂時間管理其實就一件事——你要懂得拒絕。我知道很多時間管理的學問，如「卡片法」「四象限法」「番茄時鐘法」等，這些都很好，但我只需要一個拒絕，就能管理好時間了，一力降十會。

說完正得意時，我就被粉絲反殺了。這個粉絲說：「您只需要拒絕，就可以完成時間管理，會不會因為現在忙的事情還

不夠多呢？」

我想了想，不得不承認：是的。有很多比我厲害的人，在同樣時間內，人家完成的工作比我多多了，難道他們也只是通過拒絕就管理好時間了嗎？顯然不是。所以，我被困在一個大的繭裡，還得繼續給自己找事做，把自己逼到一個臨界點，突破了才可以。

最後總結一下，如何培養自己深度思考的能力：學習，實踐，跨領域思考，理解這個世界人和人的差異；建立思維方式，再一次次推翻自己。

這樣一來，你的思考想沒有深度，都很難。

所謂大器晚成
無非只有三條路

「前半生一事無成，後半生大器晚成。」這大概是普通中年人的最後一點念想了。

上個週六晚上，我和幾個朋友宵夜到半夜，吃了不少，聊的就是這個主題——這個世界到底有沒有所謂的大器晚成？怎麼才可以大器晚成？

最後我說：「大器晚成，大概有三條路：老天不賞飯，我水滴石穿；珠峰不登了，直接登月球；金鱗池中物，就怕遇風雲。」

朋友們紛紛點頭說有道理。

老天不賞飯，我水滴石穿

老天賞飯，就是你的先天條件好。大家常見的影視圈的流量小生、小花就是這樣的，還有體育圈中身高驚人的姚明，就是天生的中鋒。為什麼 NBA 裡黑人球星多？看一下黑人小腿的

跟腱長度就知道，他們的肌肉彈性和爆發力，其他人種完全沒辦法比，這都是先天條件。

特別值得一提的還有智力因素。比如，號稱數學界諾貝爾獎的國際數學獎菲爾茲獎，有一個奇葩規定：獲獎者年齡不能超過四十歲。意思很直白，研究數學真的需要天賦。四十歲還沒獲獎，那你這輩子就死了這條心吧！江湖人戲稱「四十不獲」。

大多數人先天條件都一般，那怎麼辦呢？答案是，水滴石穿。

二○二○年中國電視金鷹獎，任達華拿下最佳男主角獎，圈裡人都說，這叫實至名歸。任達華是香港的老戲骨，這個人沒天賦，也不帥，就是不停地拍戲。幾十年來，他拍了兩百多部電影，飾演了員警、流氓、變態、父親、職人等各種角色，而且每一部都很用心，所以才能在這次金鷹節獲獎。據說他為了演好裡面「製餅世家傳人」的角色，去餅業人士那裡學了很久。像這樣的老戲骨，各國都有許多，這就是典型的「老天不賞飯，我水滴石穿」。

第一種大器晚成走的就是這條路，不斷地打磨你的業務能力，經年累月終成大器。

寫作圈也有這樣的，比如《哈利波特》的作者 J.K. 羅琳。J.K. 羅琳大學畢業出來做秘書，結婚，被家暴，離婚，二十八歲成為單親媽媽，最潦倒的時候靠失業救濟金交房租，押金都是跟

朋友借的。房子冬天沒暖氣，她只好推著嬰兒車去咖啡館寫作，靠一杯咖啡待一整天，但連續多次被出版社拒絕。

但是，大家有沒有發現，影視圈、寫作圈這些文化行業有三個共同特點。

1. 你可以擁有自己的作品。只要作品足夠好，就能被傳播，乃至出圈。

2. 因為你有作品，所以個人風格就能呈現在作品裡，辨識度就高。

3. 行業資源分布極端不均。頂級演員和跑龍套的、暢銷書作家和普通作者，影響力和收入相差無數倍。

這也是為什麼我說「水滴石穿」。水一旦滴穿石頭，後面就沒有阻力了，但在滴穿之前，你得慢慢熬。

不過，並不是所有行業都有這三個特點。所以，你可以評估一下自己以及所在的行業有沒有機會讓你拿出作品，有沒有機會讓你在作品裡加入你的個人風格，還是只能讓你作為螺絲釘輸出標準件，成為一部大機器裡沒有個人辨識度的一部分。

如果沒有作品，那不好意思，你可以慢慢成長為行業資深人士。但是，要大器晚成，一飛沖天，這條路走不通。另外兩條路，可能會是更好的選擇。

珠峰不登了，直接登月球

　　「珠峰不登了，直接登月球」指的就是換行業，換圈子。比如任正非，許多人都知道任老闆原來當過兵，是部隊裡的技術人員。他三十四歲時做出一個小發明，因為填補了中國儀錶工業的一項空白，被派往北京參加全國科技大會。他在部隊裡的級別是技術副團級，還當過軍代表。雖然這些履歷比起普通人已經算優秀了，但是跟他創辦的華為相比，簡直不算什麼。四十三歲創辦華為的任正非絕對算大器晚成。

　　這種大器晚成的例子在商業領域很常見：在三十八歲創辦萬達之前，王健林是大連市西崗區政府辦公室主任；五十二歲才進入商界開啟創奇人生的中國煙草大王褚時健，之前參加過遊擊隊，新中國成立後擔任過玉溪的區委書記。

　　只是這種情況，一般來說，人得在上一個圈子裡展示出比較高的水準，然後換圈子之後，才能發展得更好。為什麼呢？因為有些能力是可遷移的。老圈子裡打造好這些能力就是為進入新圈子做準備。

　　普立茲獎得主、美國作家喬治・安德斯寫過一本書《能力遷移》，裡面提到五項可遷移的能力：探索、洞察、制定規則、連接和說服。我簡單解釋一下，「探索」就是自己去尋找真相，而不是看別人的二手、三手資訊；「洞察」就是在各種資訊裡

面發現規律，發現機會；「制定規則」就是定規矩，大家照規矩辦事；「連接」就是和人打交道，用對方聽得懂的方式來溝通；「說服」很好理解，這裡就不過多解釋了。

請大家多看看這五點，然後對照自己想一想。如果你的崗位和行業強相關，比如像技術研發；或者你掌握的資源和行業強相關；比如認識某個部門的主管主管，那麼一旦你離開本行業，這些東西就一點用都沒有了。

反過來講，如果你在本行業做得還可以，而且可遷移能力可發揮的作用很大，但是行業本身對你能力施展有限制，那你換到一個空間更大、發展更快的行業，大器晚成的機率是很大的。你不用奢望成為第二個任正非，那太難了。好好打造可遷移能力，找到新圈子，你的前途比起之前也會敞亮許多。

金鱗池中物，就怕遇風雲

「金鱗池中物，就怕遇風雲」就是說一個人趕上了時候，或者遇到了機會。

我記得二○一五年是部落格、社群的「紅利期」，一批傳統紙媒出來的人迅速就紅了，像是時尚大號「黎貝卡的異想世界」的格主方夷敏在《南方都市報》做過首席記者；我特別喜歡的六神磊磊之前是新華社重慶分社的資深時政記者。

讀金庸這麼平凡的愛好，還能做成賺錢的主業？六神磊磊

當年也不可能想到。

雖然這幾位都在一九八〇年前後出生，還談不上嚴格意義上的大器晚成，而且在普通人中間，也算是比較優秀。但是他們之前的成就，跟在部落格領域取得的成就相比，簡直可以忽略不計。普通人走這條路，大器晚成的成功率要高些，只不過也有前提，就是你在火之前，已經是這方面的專家了，你手裡得有本事。現學現炒不是不可以，但起點低，沒優勢。趨勢這條路沒什麼定式，有人之前本來就把這個當主業，有人把它當副業，做著做著居然就比主業賺錢了。而且，你也不用像那些流量驚人的 KOL 那樣，非要獲得臉書的藍勾勾（身份獲認證的意見領袖）。

我一位客戶的女兒，今年國三，小姑娘在網上賣自己畫的漫畫，每個月收入好幾千，有時候出去吃飯還替父母買單。她爸爸對我說，如果不是擔心影響學習，限制女兒的畫畫時間，她月收入幾萬塊一點問題沒有。當然，人家從幼稚園開始就接受系統的專業繪畫學習，這麼多年來，就沒中斷過。

真有才華，網路自然能替你放大。

這三條路未必全面，但至少給了你三個具體的方向。最後，我再給你三個建議：

第一，這個事你必須得喜歡。能不能大器晚成沒人敢打包票，但你要享受其中，才可能在沒有希望的時候堅持下去。大

家都是普通人，一輩子一事無成很正常，但如果你做的這個事，不管是主業還是副業，你自己都很喜歡，就算沒有大器晚成，也一點兒不虧。

第二，你不能太著急。一急，心態就會扭曲，動作就要變形（運動、健身用語）。動作一變形，就更成不了事。就算你成事了，太著急也容易出問題。

第三，保持對世界的洞察。不要幻想在山上孤獨修煉，下山就能打遍天下英雄。你要經常從日常生活裡抬起頭來，關心一下生存半徑方圓百里之外的事，才可能看到哪些機會和自己正在做的事相關。手裡的本事，哪些既是自我表達又能滿足市場需求。這樣才能又做得持久，又可以成功。

最後，祝你們都能大器晚成。或者，在走向大器晚成的路上，一直享受生命。

厲害的人都是多元並進
思路單一往往平庸

　　我這兩天看李娜的自傳《獨自上場》，發現有些事對於她的成功非常關鍵，然而我們外行人根本不瞭解。

　　李娜拿過法網、澳網冠軍，是當時頂尖的網球運動員之一。在大家印象裡，這些超一流球手常常跟刻苦努力、意志堅強之類的聯繫在一起，確實如此，但他們成功靠的遠遠不只這些。

　　網球是一項高度職業化、商業化的運動，這些頂尖球手，其實都有自己的團隊，成員包括教練、體能教練、醫生和治療師，其中最重要的角色當然就是教練。

　　我之前只知道李娜的老公姜山擔任過她的教練，不知道她其實還有過三名外籍教練：瑞典人湯瑪斯、丹麥的莫滕森，還有阿根廷人卡洛斯。看了書我才知道，這三位教練輪番登場，才讓李娜有了成為頂級球員的可能。

　　比如，頂尖網球運動員的核心圈子一般人不瞭解，也進不去。李娜之前跟她們對戰，在心理上就有生疏感和恐懼感，導

致發揮失常。但是，湯瑪斯在圈子裡待了很多年，人脈特別廣，對球員們的情況都非常瞭解。他可以把所有頂尖選手一一分析一遍，甚至還幫李娜約世界前十名的頂級球員一起訓練。這對她臨場心理的調整非常有幫助了。再比如，教練卡洛斯之前執教傳奇球星海寧長達十五年，幫海寧拿過七次大滿貫冠軍。世界冠軍應該怎麼訓練，怎麼打球，人家簡直熟門熟路。

我一邊看書，一邊就想到自己，想到我們這些普通人。為什麼我們是普通人？因為我們周圍都是普通人。不同的高水準教練可以給李娜不同的養分，讓她持續成長。而普通人呢，只能從別的普通人身上得到一些沒什麼營養的東西，大家見識都差不多，還覺得理所當然，這更強化了我們的普通和平庸。

財富的貧富差距背後，是認知來源的差異

一個人改變不了自己的遺傳基因，但可以讓自己的知識體系、資訊來源變得複雜多元，從而構建起龐雜的「認知血統」。人越厲害，他的認知血統往往越不單一。

這個世界，貧富差距越來越大，資訊不對等也變得越來越顯著。越是有錢人，越有時間、有意願去瞭解最有價值的資訊，不斷充實、重塑自己的認知血統。吸收之後的認知又幫他們賺到更多錢。

我認識的不少老闆和高管，都有專門收集資訊的管道，包

括專業網站、熟識的專業人士、行業論壇等。需要時，他們還會聘請專業的調研機構，直接拿到一手資料，幫自己做決策。

說起調研，不得不聊一下二〇二〇年初的大新聞——渾水公司做空瑞幸咖啡。有印象的朋友應該還記得，當時渾水發布做空調查報告，說瑞幸在二〇一九年第三、第四季度，每店每日的商品數量分別誇大了至少 69％和 88％。報告一出，瑞幸股價當天就跌了 10.74％。接下來的幾個月，瑞幸股票退市，領到天價罰單，成監管機構重點打擊對象，後續處置現在都還沒完。

反觀渾水呢，按照他們的說法，這次調查「覆蓋了三十八個城市的九百八十一間門店，動用了九十二個全職和一千四百一十八個兼職調查員，收集了近兩萬六千張小票，進行了一萬小時的門店錄影，才有了這份長達八十九頁的報告。」

這份真實、機密、獨家的資訊，幫渾水掙了多少錢呢？我沒有找到公開資訊。根據我在金融圈裡一個關注這件事的朋友所說，可以大致估算一下，答案是：賺了接近人民幣二十億。

一定有事情正在發生，不要錯過

渾水和瑞幸，就像海裡的虎鯊和大王烏賊大戰，最後結果是大王烏賊被殺死，虎鯊飽餐一頓。這是有錢人之間的遊戲。資訊在這種遊戲裡，有用且致命。反觀我們這些小魚小蝦，我們對資訊的敏感和渴望，比人家可是差太遠了。人越是窮，離

優質資訊就越遠，這就是資訊貧富差距。

你會問，都網路時代了，優質資訊離我們真有那麼遠嗎？其實並不是。我覺得，有主觀客觀兩方面原因，讓窮人離優質資訊很遠。

一方面，很多人沒有耐心。就像炒股群裡，永遠都有人在打聽內幕資訊，希望今天殺進去明天就賺他個萬兒八千的。你說你不當韭菜，有錢人賺什麼呢？沒人願意像巴菲特那樣，每天枯燥、單調地閱讀上市公司上百頁的財報，從裡面提煉出最核心的東西來，然後一檔股票一投就好多年。

另一方面，窮人們通常很忙碌，往往因為瑣事，失去了獲取有價值的資訊的興趣和動力，這一點同樣可怕。二〇二〇年初，因為疫情，我們公司業務停擺，復工後，有段時間我一下子變得特別忙，連續很久不再看書，付費課程也落下了，還有一些約好要見的人沒時間去見。

有一天下班我開車回家，在一個等待紅燈的瞬間，我忽然感到深深的恐懼，就像非洲大陸的動物大遷徙，上百萬頭角馬、羚羊已經上路，空氣熱烈，大地震顫，而我是那頭還在睡覺的獅子，對周圍發生的一切渾然不覺。一定有事情正在發生，但我正在錯過。

我特別擔心，因為沒有新的資訊輸入，單一的認知讓我停留在原地，帶來生活和工作上的挫敗，然後再加劇忙碌。就這樣，在周而復始的日子裡，我終於被驅趕到時代邊緣。

格局小的人
往往在隱蔽中走向自我毀滅

　　一個人格局太小，會對生活和工作產生不好的影響，這個算是共識。但是大家有沒有想過，既然格局越大，結果越好，那為什麼還有那麼多人喜歡做小格局的事呢？我覺得主要原因是，格局對人的影響其實非常隱蔽。隱蔽，主要體現在兩方面。

　　一方面，如果你選了一條小格局的路，那你永遠沒法知道，如果當初你選擇另外一條格局大一點的路，會有什麼結果，因為人生沒有假設。你會一條道走到黑，死不認錯，沒得到過的東西，你不會承認失去，雖然你本來可以擁有；另一方面，一個人格局雖大，但也不能直接決定未來的結果，僅僅是增加未來成功的機率而已，比如學習再努力，也可能高考落榜。

　　但小格局取得的結果卻通常立竿見影，蹺課去打遊戲馬上就能獲得快樂。於是，是要未來不確定的大收益，還是要當下確定的小收益，權衡之下，小格局常常勝出。到最後，把「格局要大」掛在嘴邊，人人都會，但真把這個當處事原則的，就

萬裡挑一了。

犧牲眼前確定的小利益，爭取未來不確定的大收益

很多人都說，我想看書、想學習，但是堅持不下來，每次回家一刷手機就是兩小時，看書看兩頁就睏。怎麼辦？我說，很好辦。如果有一天，你聽說隔壁工位的同事忽然離職，是因為考上 CPA（註冊會計師）被某家大公司高薪挖走了，不用我說，你自己就開始行動了。

刷手機得到眼前的快樂，是小格局；看書學習得到未來的收益，是大格局。你之前選擇小格局，是因為沒看到「我本來也可以考上 CPA，高薪跳槽去到大公司」的前景。這就是上面講的第一點隱蔽的地方。現在你看到了，自然知道努力的方向了，不會在刷手機的路上一條道走到黑了。

但是，看書學習，就意味著一定能考上 CPA 嗎？不一定。這只是增加了你考上 CPA 的機率，你每多看一頁，多做一道題，就能多增加一個小小的百分比。每個人天資不同，對機率的要求也不一樣，但只要你足夠努力，這個機率一定是增加的，一直增加到我們常說的「量變到質變」，你就考上了。

犧牲眼前確定的小利益，不斷投入，直到把未來不確定的大收益變成確定的大收益，就是大格局。

大格局其實是一種能力

看完上面這個例子，你可能會覺得奇怪。我們通常說格局，一般是指胸懷、氣度這種跟人的品格相關的事，怎麼這個例子讓人覺得格局跟人品無關，反而像是一種能力呢？

你說對了，格局其實就是一種能力。下面我再舉個例子。

經濟學家張維迎有一次說：「一個人犯錯通常有兩個原因，要嘛是蠢，要嘛是壞。看起來，蠢是能力問題，壞是人品問題，但所謂的壞，其實是沒有能力充分計算到嚴重後果才會做出誤判，從這個角度來看，壞也是一種蠢。」

比如，你不好好上學，去收低年級小朋友的保護費，這是「壞」。但實際上真正的原因還是，你不知道或者不相信，好好學習可以改變人生，可以得到比保護費多得多的錢，這就是「蠢」，是能力問題。

格局也一樣，慷慨大方、自私自利看似是人品問題，其實是能力問題。比如李嘉誠，他有個說法很有名：「和別人做生意，如果能拿到七分利潤，甚至能拿到八分，那只拿六分就好了。」損失兩分利益格局確實大，這看似是胸懷大，其實是能力強，因為按「損失兩分利」來做生意，吸引更多資源，其實他能賺到更多的錢。

那他「損失兩分利」每次都會留下好口碑嗎？不一定。但

每次他都這樣做，是在把自己賺更多錢的機率一點點加大。每次都讓利，每次都加大機率，他能不成華人首富嗎？而沒有讓利的其他生意人只能哀歎「我本來也可以」。

行為受人品影響，更由實力決定

最後總結一下，為什麼格局太小對一個人的毀滅非常隱蔽。第一，我們不知道，如果格局大一點會有怎樣的結果；或者不相信，格局大會有好的結果。第二，格局小，收穫就在眼前，但格局大僅僅能增加未來成功的機率，充滿不確定性。

不過好消息是，既然說格局也是一種能力，那能力就可以得到提升。

針對第一點，我的建議還是要多看書、多交際和多思考，有了「原來還可以這樣」的想法，才不會有一天哀歎「我本來可以」。

就像知乎上有個提問：「如果村裡的小流氓老來找你麻煩，你該怎麼辦？」高讚答案是「好好讀書，早點離開」。你可以離開，而且知道離開的方式，才不會絕望到拿刀子跟他拚命。

針對第二點，你可以想一下李嘉誠那個例子。李嘉誠憑什麼可以做到損失兩分利益？如果剛開始做生意，稍微少賺一點都活不下去，他還做得到嗎？也許會，但這很難。所以，在不得不小格局生活的時候，就要減少開支、積累實力，才能讓自

己慢慢往大格局的路子上靠，路才能越走越寬。

很多時候，我們發現好人也會幹壞事和蠢事，只是因為：一個人的行為雖受人品影響，但更多時候由實力決定。

如果沒有正直
聰明又積極的人會毀了一切

前些天，我在一篇文章最後寫了一句：「我更希望你們，正直的人到哪裡都正直，有趣的人到哪裡都有趣。」把正直放在「有趣」前面，可見正直在我心裡的分量。

如果只能有一個建議給年輕的職場人，職場技能、個人成長、眼界格局等都不是我的答案。我的答案只有兩個字：正直。

先講個真實的故事吧，我每次一想起這個故事都暗暗唏噓。

一個優秀的年輕人是怎麼墮落的

很多年以前，創始人 A 總帶著一幫年輕人，把公司越做越大，該公司慢慢進入了該領域全國前五。其中一個年輕人小 D，十五歲開始就跟著 A 總從學徒做起，很受 A 總喜歡。小 D 能力也很強，加上那幾年行業井噴，在公司業績和規模到達巔峰時，三十歲不到的他已經是公司副總了。奇怪的是，到達巔峰後，公司迅速衰落，裁員、縮編、勉強支撐，到最後連薪水都發不起了，

不得不出售股權。

　　新老闆 M 總指派負責人率隊駐場盡職調查。盡職調查發現，這家公司在主業之外投資了幾個大項目，全都虧損。這就是說，它在主業上賺的錢，本該投入持續研發，結果全都虧在投資項目上了，難怪勢頭那麼好，卻忽然間淪落得這麼慘。隨著盡職調查深入，他們發現當時力推這幾個項目的公司高管，就是小 D。

　　創始人 A 總本來是技術出身，對投資沒有研究，又和小 D 情同父子，小 D 竟然拿著一份專業投資者一看就破綻百出的報告把 A 總糊弄過去了。原因很簡單，小 D 在項目上拿了巨額好處。A 總是個好人，堅持不走法律程式，不然小 D 就有牢獄之災了。最後，小 D 辭職離開了。

　　利用 A 先生的信任拿錢走人，公司垮掉又怎麼樣呢？在小 D 看來，一切依然完美。

　　盡職調查負責人是我的朋友，她說，故事還遠遠沒有結束。

　　M 總入主以後，公司滿血復活，本來底子就不錯的這班人馬，勵精圖治，公司終於在四年後成功上市。M 總就不說了，包括 A 總在內的所有老一代管理層，都因為持有原始股實現了財富自由。但這一切，跟小 D 已經沒有關係了。

　　至於小 D，離開後的第三年，和他勾結的工程方因為另一樁受賄案被抓，接受審問時連帶招供出了小 D 的事。小 D 因此跟對方有了矛盾，被對方涉黑的親戚打斷一條胳膊，扔進了附

近的臭水溝，治癒後精神出了問題，人常常走丟。後來慢慢就再也沒有他的消息了。

正直幫我們做出判斷

金庸先生的《天龍八部》裡，武功最深不可測的掃地僧講過一段話，我一直很欣賞。他說：「修煉武功是為了強身健體、除暴安良，但武功練得越高，人的戾氣會越重，如果不心存慈悲，以佛法化解戾氣，練武必然會傷及自身。」

類似小D這樣的年輕人，初入社會，像不像一個什麼也不懂的年輕習武者？年復一年，武功越練越強，段位越練越高。可是，他在武功突飛猛進的同時卻沒有提升修為，化解戾氣。這樣一來，那武功越強，對人的傷害也會越大。

我說的可不光是小D，混職場、混社會，每個人都一樣。

比如說，一個人如果又有才又鋒利，就不太容易寬容別人的平凡，嘴巴裡講出話來，容易刻薄不厚道。一個人要是口齒伶俐，能說會道，但是又沒有內涵，就會顯得誇誇其談。還有一些人，思想確實深刻，但這種人追求真理往往太猛，眼裡容不得沙子，就難免會忽視灰色地帶，傷及無辜。

人一旦穩重過頭常常會變得呆板，有趣過頭又顯得輕浮。而像小D這種人，身居高位，手握權柄，要是心裡邊沒裝著正直和使命感，貪欲就沒辦法克制。

對於職場上、社會上的武功高手，知識、技能、見識、格局，這些都是武功。修習武功，是為了回答一道題——一件事難在哪裡、如何解決？但真正的高手，還會修習佛法。

正直，就是一門佛法。它解決的是判斷題——一件事可不可以做。

雇不正直的人來做事，才是生意場上最大的風險

在雇傭正直的人做事這一點上，我覺得東西方文化完全一致。國內外許多優秀的管理者和公司選拔人才，都把正直放在最前面。雷軍就碰到過一個人，這個人曾經把年產九百萬美元的工廠做到了兩億美元。面試時，他誇耀自己擅長把稻草當成黃金來賣。雷軍就說：「你這不是欺騙用戶嗎？」然後明確拒絕了。

巴菲特說過：「我們雇人的時候，尤其注重三個特質——聰明、積極和正直。如果沒有正直，前兩個特質反而會毀了一切。」通用電氣公司的企業文化是——堅持誠信、注重業績、渴望變革；惠普提出的「惠普之道」其中之一也是——經營活動中要堅持誠實與正直。

這些看似是巧合，但其實每一家百年老店能走得那麼久那麼遠，從來都不只是因為業務，而是堅持正確的價值觀。

我平時和很多老闆、高管交流，大家都說選拔人才最重要的一點，是看這個人正不正直，然後再看才能。如果人不正直，

一票就否決了。

　　一門生意賺不賺錢可以計算，有沒有風險可以評估。成熟的企業甚至有全套的模型來解決上面的問題，但所有這些都需要人來操作。把上百萬千萬上億，甚至上百億的生意，交給一個不正直的人來打理，才是生意場上最大的風險。

打開思路
聰明人才能有成就感

　　一位鋼琴老師跟我講，教琴多年，她發現最難教的不是那些笨笨的、反應慢的孩子。恰恰相反，是有些聰明的孩子。

　　為什麼呢？剛開始，別人花半個小時都背不下來的琴譜，聰明孩子可能十分鐘就能背了，彈得也比普通孩子更熟練。於是他們很享受這種靠背琴譜領先別人的樂趣。可是學到後面，孩子們不光要熟悉琴譜，還必須熟悉琴鍵。所以，老師會要求孩子彈奏時要抬頭看琴譜，不能一直低著頭看琴鍵。這個過程其實很痛苦。

　　普通孩子比較老實。他們通常都會照做，慢慢堅持下來，對琴鍵熟悉了，曲子也會彈得越來越好，越來越快。聰明孩子可不這樣，他們心裡想：「我琴譜背得這麼快，幹嘛還要熟悉琴鍵，那太痛苦了」、「之前背琴譜就比別人強，這次一定也可以」。於是每次他們都迅速背下譜子，哪怕老師沒要求背，即使對琴鍵不熟悉也沒關係，反正低頭看琴鍵也能彈得很好。只可惜，

越到後面，琴譜越長越難背，背琴譜的優勢已經彌補不了他們對琴鍵不熟悉這個弱點了。他們的聰明反而阻礙了自身的成長，從而在某個階段停滯不前。

犯錯誤背後的原因：逃避學習

你發現沒有，上面的故事反映出的是只有厲害的聰明人才會犯的錯誤：他們依賴某個優勢取得成功，常常會慣性希望一招通吃，好逃避學習更高級技能的痛苦。

這種錯誤不是孩子的專利，成年人一樣會犯。我帶過一個業務，是個很漂亮、且超有能力的小女孩，她的簽單在部門裡一直中游偏上。不過，專業技術一直是她的軟肋，我提醒過她，但她對技術無感，也不願意花功夫鑽研。直到有一次，技術出身的甲方負責人是一位中年女士，根本不吃小女孩慣常的那套，人家在意的是性能指標、技術方案，尤其對架構的後期演進想法很多。小女孩臨時抱佛腳去研究技術，表現自然不夠漂亮。結果，這個大單丟給了競爭對手。

做為管理者，也作為一個老業務，我其實一直在等這一天。

因為這女孩跟大多數聰明人一樣，總是一上來就能找到解決問題的便捷途徑，然後停在某個階段自我感覺良好，再也不願意持續精進。除了少數天賦極高的人，大多數人都要撞得頭破血流才知道學習，不然，該承受的痛苦，該經歷的成長，是

能躲就一定要躲的。她不經歷這個坎，我說什麼也沒用。

突破自己的所知障

佛家常說一個詞，叫「所知障」，意思是，一個人的認知有可能會成為自己的障礙。

從沒碰過鋼琴的小朋友，也許會對鋼琴好奇，對老師有敬畏心，老師說什麼都會聽。可是，他一旦發現背琴譜可以快速彈好曲目時，該吃的熟悉琴鍵的苦，能躲就躲了。

初入職場的小女孩也覺得業務前輩們個個都是大神，恨不得所有技能都學會，都精通。然而，當她靠顏值、靠性格快速簽單後，該吃的學習技術的苦也放在一邊了。

人越聰明，就越希望一招通吃，好逃避學習更高級技能的痛苦，就是一種「所知障」。那麼，如何破掉這個所知障呢？我覺得，起碼要做到下面三點。

1. 拓寬見識和眼界

比如，學習騎自行車是一項苦差事，我們不僅要克服摔倒的恐懼，甚至真的會受傷。可是很多孩子依然堅持學習騎自行車，跌跌撞撞，直到成功。這是因為，他們見識了同齡人騎著車，在他們身邊恣意、灑脫地飛速穿行。這增長了他們的見識，讓他們意識到無論奔跑多快，也比不上學會騎車這項技能，更能提升速度，享受自由。

現在的辛苦和受傷，都是在為今後做準備。想要破除「障」，我們就得認識到在自己「所知」之外，還有另外一重天地。

2. 找到真正的高手指點

新人進入一個領域將犯很多錯，走很多彎路，但已有無數人犯過錯了，走過彎路了。新人不懂這些，高手卻一清二楚。高手指點你不是為了讓你更省氣力，恰恰相反，一開始他們可能會讓你更難受、更不適應，但是你按照他們指點的方式來，才有可能突破按你原來方式能達到的上限。

你去學習鋼琴、繪畫，你想減肥、想學一門語言，需要請教專業人士；初進職場，你需要一個好導師；你需要閱讀……是的，高手可以是人，也可以是書，比如，你現在正在看的這本書。

3. 有一天當你也成為高手。

那麼，高手會不會有「所知障」呢？當然了。而且，一個人知道得越多，就越可能陷入「所知障」。因為他是高手，他不覺得有人可以指點他。所以，當你發現一個人愚昧、固執，甚至瘋狂時，不是因為他無知，而是他只知道事情的一小部分，然後把它們當作了全部。

等你成了高手，你更要小心翼翼。不要去證明自己的正常、正確，乃至正統，要持續拓展眼界，反思，嘗試，總結，才能一次次突破你的「障」，一次次擴大成就。不要讓你的聰明阻礙你成長的腳步。

職場的邏輯：廣大上班族扎心痛讚的自我提升指南

作　　者／格　總
主　　編／林巧涵
責任企劃／謝儀方
校　　對／謝馨慧
美術設計／Ivy Design
內頁排版／唯翔工作室

第五編輯部總監／梁芳春
董事長／趙政岷
出版者／時報文化出版企業股份有限公司
108019臺北市和平西路三段240號7樓
發行專線／（02）2306-6842
讀者服務專線／0800-231-705、（02）2304-7103
讀者服務傳真／（02）2304-6858
郵撥／1934-4724時報文化出版公司
信箱／10899 臺北華江橋郵局第99信箱
時報悅讀網／www.readingtimes.com.tw
電子郵件信箱／books@readingtimes.com.tw
法律顧問／理律法律事務所　陳長文律師、李念祖律師
印　　刷／勁達印刷有限公司
初版一刷／2023年7月21日
定　　價／新台幣380元

版權所有，翻印必究（缺頁或破損的書，請寄回更換）
ISBN 978-626-374-041-9 | Printed in Taiwan | All right reserved.

時報文化出版公司成立於一九七五年，並於一九九九年股票上櫃公開發行，
於二〇〇八年脫離中時集團非屬旺中，以「尊重智慧與創意的文化事業」為信念。

原簡體中文版：《職場的邏輯：打工人如何體面地升職加薪》
格總　著
Copyright © 2022 by 天地出版社
本作品中文繁體版通過成都天鳶文化傳播有限公司代理，經四川天地出版社有限公司授予時報文化
出版企業股份有限公司獨家出版發行，非經書面同意，不得以任意形式，任意重制轉載。時報文化
出版企業股份有限公司對繁體中文版承擔全部責任，天地出版社對繁體中文版因修改、刪節或增加
原簡體中文版內容所導致的任何錯誤或損失不承擔任何責任。

職場的邏輯：廣大上班族扎心痛讚的自我提升指南/格總作. -- 初版. --
臺北市：時報文化出版企業股份有限公司, 2023.07
ISBN 978-626-374-041-9 (平裝)
1.CST: 生活指導 2.CST: 職場成功法
177.2　112010142